La ville qui ne pouvait pas être brisée « Ypres »

Almeyda Fernández

États-Unis
2024

Imprimer

Titre du livre : La ville qui ne pouvait pas être brisée « Ypres »
Auteur : Almeyda Fernández

Auteur : Almeyda Fernández
Contact : slushydoe@gmail.com

CONTENU

I. Le Paris

Depuis le balcon, la vue ci-dessous est tout simplement fascinante. Les cimes tentaculaires des arbres en contrebas ressemblent à une vaste forêt, leurs troncs étant dissimulés dans un enchevêtrement de ruelles et de places, comme vus du sommet d'une montagne imposante. Ces arbres, solidement enracinés dans le sol de l'histoire de France, ne sont pas de simples flores ; ils symbolisent l'essence de la terre sur laquelle ils prospèrent. Sur la promenade de gravier poussiéreuse qui s'étend entre le jardin verdoyant et la rue animée, deux jeunes personnages, un homme et une femme, se livrent à un jeu fougueux de raquettes, l'un des nombreux jeux de balle de second ordre privilégiés par la petite bourgeoisie de France. Leurs vestes et chapeaux reposent sur le bord d'une boîte en bois pittoresque qui abrite un oranger en fleurs. Les deux hommes, trempés de sueur par la chaleur du soleil du petit matin, sont sans aucun doute amoureux. Leur interaction ludique, apparemment frivole et insignifiante, contraste avec le poids du monde extérieur à leur bulle. Cette délicate danse d'affection semble presque absurde, à un moment et dans un lieu si chargés de tension. Ils ne semblent pas conscients, ou peut-être simplement indifférents, à la réalité de la crise profonde qui se déroule autour d'eux – une crise qui menace de consumer tout ce qu'ils connaissent et aiment.

Depuis ce même balcon, les monuments de Paris se dressent dans une proximité saisissante. Le Louvre s'étend devant vous, ses sculptures allant des œuvres de Jean Goujon aux chefs-d'œuvre de Carpeaux ; l'église Sainte-Clotilde, où le génie de César Franck s'est caché pendant des décennies, à l'abri des projecteurs ; la gare du Quai d'Orsay, merveille d'architecture qui prouvait qu'un terminus pouvait évoquer les mêmes émotions qu'un palais ou un temple ; le dôme des Invalides, se dressant fièrement sur l'horizon ; et les façades majestueuses entourant la place de la Concorde, abritant le ministère de la Marine. Pour quiconque comprend Paris, non seulement comme une ville, mais comme un symbole de réussite humaine, le spectacle est profondément émouvant. Le talent artistique du ministère de la Marine, avec ses plinthes, moulures et sculptures exquises, témoigne des sommets de l'artisanat national. Le contempler, c'est être transporté dans un lieu de profond respect et d'admiration.

Et pourtant, le sentiment qui prévaut est celui d'une évasion profonde. Toute cette beauté, tout cet héritage, étaient à un moment donné dangereusement proches de la destruction. Elle était menacée par des forces qui en comprenaient encore moins la valeur que le jeune couple avec leurs raquettes, des forces dont la conscience n'était qu'un murmure comparée à la grandeur de la civilisation qu'elles cherchaient à démanteler. C'étaient des êtres dont la cruauté était aussi sauvage que leur ignorance était sans limites. Paris était au bord de la catastrophe, mais miraculeusement, elle a survécu. Aucune ville n'a jamais été plus en danger et pourtant, par un coup de fortune, elle a réussi à éviter le désastre. Les rues étaient bordées de taxis transportant la Sixième Armée – le dernier espoir de salut – se précipitant à une vitesse inimaginable, renversant le cours de la bataille et, peut-être, le cours de l'histoire elle-même.

"La population parisienne s'est révoltée et vient nous demander grâce !" pensèrent les éclaireurs allemands, prenant la rafale de taxis se précipitant vers le nord pour un signe de panique. Mais ce dont ils avaient réellement été témoins, c'était le mouvement rapide de la Sixième Armée, dont l'arrivée allait marquer le tournant de la campagne.

L'officier allemand, se rendant compte de son erreur le lendemain, ne put que réfléchir : « Un grand malheur nous a rattrapés. » En fait, c'était bien plus que ce à quoi il aurait pu s'attendre.

La terreur de ce qui aurait pu être, associée à la crainte de ce qui s'est réellement passé, remplit l'esprit d'un sentiment de crainte lorsque vous contemplez Paris depuis le balcon. La ville, contre toute attente, s'était échappée. L'événement n'a pas été seulement un événement évité de justesse : c'était un moment de pur émerveillement, impossible à saisir pleinement. C'est trop grand, trop important, pour que l'esprit puisse le comprendre pleinement.

Les rues de Paris, bien que encore en convalescence, arborent désormais un calme particulier, comme si c'était un dimanche matin. Le bourdonnement habituel de l'activité a été remplacé par un calme tranquille, ponctué par le grondement occasionnel des taxis qui reviennent. Les autobus, autrefois incontournables de la vie parisienne, sont introuvables, repliés derrière les lignes de front. Les chemins de fer souterrains, désormais exploités par des femmes, sont devenus le principal mode de transport. Un bus tiré par des chevaux, apparemment ressuscité d'une époque révolue, sillonne les grands boulevards, son conducteur, une paysanne corpulente et joyeuse, rassemblant les courses dans les larges plis de son tablier noir. La plupart des magasins les plus extravagants et inutiles restent fermés, tandis que d'autres restent tranquillement assis en attendant la reprise des affaires. Pourtant, les modestes magasins de provisions, éléments vitaux des quartiers populaires, continuent de fonctionner comme d'habitude, sans fanfare ni gêne. Les rues sont remplies de soldats vêtus d'uniformes variés – certains bleu pâle, d'autres noirs – tous pêle-mêle dans un affichage chaotique mais en quelque sorte unifié. Les trottoirs sont parsemés de veuves et d'orphelins, dont le chagrin est profond mais inexprimé. Les jeunes filles et femmes en deuil sont nombreuses, leurs lourds voiles noirs étant la seule liste de victimes visible autorisée par le ministère de la Guerre français.

Paris, autrefois si pleine d'énergie et de glamour, semble désormais un lieu transformé, étrange, mais toujours indéniablement lui-même. Au milieu de la prise de conscience croissante d'un désastre évité de justesse et de la prise de conscience naissante du pouvoir que la nation française exerce désormais, l'esprit de Paris reste résolu. Les Français ont repensé leur propre identité. Ils sont en colère, mais froidement ; ils ne sont pas vaincus, mais ils sont transformés. Être témoin de cette transformation est tout simplement inspirant. Paris est sous le charme, un enchantement qui magnifie la beauté de sa résilience alors même que les détails banals de la vie quotidienne continuent de se dévoiler, étrangement persistants.

Dans un petit appartement situé au sixième étage, on peut trouver un contraste saisissant avec la grandeur de la ville en contrebas. La cuisine, modeste, avec seulement deux feux de gaz pour cuisiner, s'imagine aisément sous les racines d'un oranger du jardin des Tuileries. L'appartement est soigné à un degré presque obsessionnel, chaque élément étant soigneusement choisi et chéri. L'un de ces objets est une aquarelle, oubliée depuis longtemps mais désormais encadrée et exposée avec fierté. L'unique occupante de l'appartement, une vieille couturière d'une trentaine d'années, gagne modestement trois francs par jour, mais elle est riche de sa simplicité. Sa richesse ne vient pas de ses possessions matérielles, mais de la discipline tranquille consistant à vivre selon ses moyens. Malgré sa nature modeste, elle possède un tempérament fougueux que seules deux choses peuvent provoquer : toute mention de mariage ou toute tentative de modifier ses routines établies. Ce sont les piliers sacrés de son existence. Sa visite dans une petite ville l'été dernier, pour aider sa belle-sœur à tenir un café, était censée être une sorte de vacances. Pourtant, elle ne supportait pas l'idée de rester debout pendant des heures à servir une foule qu'elle comprenait à peine. Finalement, l'attrait de la vie parisienne est devenu irrésistible et elle est revenue, malgré l'escalade de la guerre autour d'elle. Le voyage fut épuisant, dura trois jours et deux nuits, rempli de réfugiés et de soldats blessés. Pourtant, elle a persisté. De retour à Paris, elle fut accueillie par la nouvelle que les Allemands avaient laissé le café intact, même si la guerre avait certainement laissé des traces.

Interrogée sur le voyage, elle déclare simplement : « C'était terrible. Un voyage de trois heures s'est transformé en trois jours debout, sans espace pour bouger et très peu de nourriture ou de boisson. » Et pourtant, à la fin, elle était revenue. La guerre avait bouleversé sa vie, mais pas son esprit. Malgré tout cela, elle est restée inchangée, ses habitudes toujours aussi inébranlables.

Et puis, il y a le boulevard Saint-Germain, une vieille et grande demeure, vestige d'une autre époque. Le salon, fermé à clé depuis deux décennies, porte encore le mobilier lourd et sombre d'une époque révolue. La matriarche, veuve à la volonté formidable, est aussi active que n'importe quelle femme de la moitié de son âge. Elle se lève à cinq heures du matin et aucun cuisinier n'a jamais vraiment satisfait à ses exigences. Son fils, célibataire de cinquante ans, est paralysé et passe ses journées dans un fauteuil roulant, entouré de livres, de gravures et de journaux. Leurs conversations portent souvent sur les investissements, la guerre et l'avenir incertain qui les attend. Malgré les circonstances désastreuses, la veuve âgée reste déterminée, ne croyant jamais vraiment à la défaite des

Allemands. "Ils ne seront jamais battus", insiste-t-elle, "car ils sont toujours capables d'inventer quelque chose de nouveau". Elle continue, sans se laisser décourager, de diriger sa maison avec la même précision et la même autorité qu'elle a toujours possédées.

À la ténacité de cette famille s'oppose l'histoire d'une couturière à la mode, une belle femme dont la vie a été bouleversée par la guerre. Son mari, autrefois militaire, occupe désormais un petit poste administratif, tandis que leurs deux jeunes fils restent l'image de l'élégance de la jeunesse parisienne. Pourtant, malgré la beauté superficielle de leur vie, la guerre a mis à rude épreuve leurs ressources. Son atelier, qui comptait autrefois soixante-dix employés, est désormais vide. La couturière réfléchit aux difficultés provoquées par la guerre, soulignant que les choses les plus simples, comme le sel et la chicorée, étaient devenues impossibles à obtenir. Pourtant, elle garde espoir, attendant le retour à la normale, et même si la guerre a laissé des traces, son esprit reste intact.

A travers ces histoires, Paris, à la fois ville et symbole, révèle sa véritable essence. Malgré le chaos, malgré la peur, cela perdure. Et dans cette endurance, il y a une beauté qui ne peut s'éteindre.

Dans les derniers instants de notre rassemblement, je me suis retrouvé au cœur de Paris, dans une maison célèbre pour la richesse de sa collection éclectique. C'était un lieu à la fois ancien et nouveau : bric-à-brac, porcelaine, éventails exquis et meubles entrecoupés de peintures modernes qui remplissaient les murs. Parmi les œuvres figuraient des fresques de Pierre Bonnard et de ses contemporains, créant une atmosphère à la fois raffinée et contemporaine. Depuis un balcon de marbre noir, la vue était tout simplement époustouflante, offrant une perspective rare sur Paris, le centre même de la ville. C'était un lieu où les mondes se heurtaient : auteurs, musiciens, peintres, administrateurs et admirateurs occasionnels tous réunis dans le même espace.

L'hôtesse, toujours aimable, avait invité un haut fonctionnaire du ministère des Affaires étrangères, quelqu'un que je n'avais pas vu depuis de nombreuses années. Même si elle ne l'a pas dit explicitement, il était clair que son intention était de faciliter mes voyages vers la zone de guerre, un effort que j'avais prévu depuis longtemps. Plusieurs de mes vieux amis étaient également présents, et il était étonnant de voir combien d'entre eux avaient réussi à éviter le service actif – certains par nécessité en raison de leur rôle dans l'administration, d'autres en raison de positions neutres, ou parce qu'ils étaient jugés trop vieux ou physiquement inaptes. pour le service. Quelques-uns avaient malheureusement péri dans l'exercice de leurs fonctions, laissant un espace vide dans la pièce.

Au milieu du beau chaos d'objets qui demandaient l'admiration, la conversation tournait inévitablement vers la guerre. Le fonctionnaire du ministère des Affaires étrangères, vêtu d'alpaga pâle et de bottes jaunes, expliqua avec une autorité calme la signification de divers livres colorés : Livres jaunes, Livres blancs, Livres orange, Livres bleus. Mais les questions véritables, les plus urgentes, n'ont pas été abordées. La musique jouée, notamment celle de Schumann, un compositeur allemand, a ajouté un air étrange mais profond de normalité aux débats. Puis la littérature est arrivée au premier plan. Un romancier, désireux de s'engager, m'a demandé mon avis sur un livre intitulé La Voie de toute chair. Il a été surpris d'apprendre que ce livre faisait encore des vagues à l'échelle internationale, même s'il avait été écrit il y a si longtemps. Il a également exprimé sa curiosité à l'égard de George Gissing, un nom qui lui était nouveau.

Soudain, depuis le coin faiblement éclairé du balcon, une voix m'interrompit, me faisant sursauter. C'était une question qui semblait déplacée au milieu d'un discours aussi cultivé :

"Sincèrement, est-ce qu'ils détestent les Allemands en Angleterre ? Les détestent-ils vraiment ? J'en doute. J'en doute fortement."

J'ai ri maladroitement, comme n'importe quel Anglais, surpris par la franchise de la question. Cet épisode éphémère, bien que bref, a perturbé le flux de la conversation et a détourné notre attention de la littérature vers un sujet plus inconfortable.

À mesure que la nuit avançait, les discussions sur mon projet de visite au front s'ébranlèrent. Même si le voyage avait été organisé, planifier le départ lui-même semblait impossible. J'ai donc opté pour une visite à Meaux, un lieu qui m'a longtemps fasciné en raison de son importance historique et littéraire. Meaux avait été incendiée par les Normands au Xe siècle et avait été témoin d'horribles massacres au XIVe siècle, des événements qui ont marqué l'histoire anglaise, en particulier pour l'aristocratie. Au XVIIe siècle, elle fut également le siège du célèbre évêque Bossuet. Mais plus récemment, pendant la Première Guerre mondiale, les Allemands avaient avancé jusqu'à Meaux avant d'être stoppés juste avant Paris. Meaux était ainsi devenue un symbole, le point le plus proche de Paris atteint par les forces ennemies.

Même un voyage à Meaux exigeait certaines formalités. Le trajet, qui aurait pris la moitié du temps en voiture, fut retardé par la lenteur du train qui serpentait le long de la Marne. Mais les formalités étaient simples. Meaux, ville de quatorze mille habitants seulement, était dominée par sa cathédrale, à tel point que, vue de loin, la ville semblait entièrement constituée de cet imposant édifice.

En arrivant, nous avons loué une calèche conduite par un homme âgé et solennel qui, sans grand enthousiasme, nous a proposé de nous emmener à Barcy, village bombardé et incendié pendant la guerre. Pour quinze francs, plus un pourboire, il accepta de nous montrer le champ de bataille. Son attitude calme, presque résignée, alors qu'il montrait les villages le long de la route, ajoutait un étrange sentiment de mélancolie au voyage. Alors que nous traversions les villages de Penchard, Poincy et Monthyon, le chauffeur parlait des éclaireurs allemands qui avaient brièvement occupé Meaux, estimant qu'ils faisaient face à une force bien plus importante qu'ils ne l'étaient en réalité.

Notre chauffeur nous expliqua comment les Allemands avaient été trompés par le quartier général anglais de La Ferté-sous-Jouarre, qui avait fait sauter un pont par précaution. Il montra ensuite la première tombe, une tombe simple mais poignante, marquée par un drapeau blanc, une croix et une petite couronne. La tombe d'un soldat du 66e Territorial était un symbole de la dernière poussée désespérée des Allemands avant leur retraite.

Tout en continuant, nous avons traversé une vaste plaine parsemée de parcelles de forêt, de champs de blé et de quelques pierres tombales. La région a été autrefois le théâtre d'un conflit sanglant, mais à présent, dans le calme qui a suivi, elle a été reconquise par la nature. La terre, bien que encore marquée par les tranchées, était désormais recouverte de cultures et de fleurs sauvages. La terre guérissait lentement, même si le souvenir de la guerre persistait dans les tombes silencieuses disséminées dans le paysage. Certaines tombes étaient marquées de drapeaux blancs et de croix, tandis que d'autres étaient simplement numérotées, leurs occupants étant inconnus.

Nous sommes tombés sur une ferme qui avait été détruite par les Allemands. Les meubles ont été pillés et les tonneaux de vin brisés. La vue de cette maison abandonnée, autrefois remplie d'objets familiers, désormais vide et brisée, était un puissant rappel de la destruction causée par la guerre. La maison était un témoignage silencieux des vies perturbées par le conflit.

Barcy, autrefois un champ de bataille clé, se profilait devant nous. Le clocher de l'église, bien que brisé, reste un symbole de résilience. Nous avons traversé le village qui avait été reconstruit mais qui portait encore des signes de combats brutaux. Certaines maisons ont été restaurées avec de nouveaux toits rouges, tandis que d'autres restent en ruine. Le bureau de poste, gravement endommagé, n'avait pas encore été entièrement réparé, et l'église, avec son toit brisé et ses fenêtres brisées, offrait un spectacle obsédant. À l'intérieur, les bancs sont restés en grande partie intacts, mais l'autel et la nef étaient un chaos de destruction.

En quittant Barcy, nous avons traversé un paysage parsemé d'autres tombes — des croix blanches marquant les tombes des soldats. Mais il y avait aussi des croix plus sombres, noires, signifiant les tombes des soldats allemands. Ces tombes, dépourvues de noms ou de couronnes, rappelaient brutalement l'ennemi qui occupait autrefois ces terres. Le contraste entre les croix blanches et noires était saisissant, symbolisant les profondes divisions créées par la guerre.

Alors que nous retournions à Meaux, les champs, autrefois champs de bataille, étaient désormais couverts de cultures qui semblaient ignorer les tombes situées en dessous, poussant dessus comme pour défier la présence persistante de la guerre. Le blé et l'avoine, mûrs pour la récolte, témoignaient de la résilience de la nature.

Enfin, après une longue journée de réflexion et de souvenir, nous sommes retournés à la gare ordinaire et concrète de Meaux. Dans le café, une Française nous a servi du thé comme si de rien n'était. Pourtant, à notre retour à Paris, je savais que l'expérience de visiter le front, de voir les tombes et les vestiges de la bataille, resterait gravée en moi pour toujours. C'était un puissant rappel que les lignes de front, bien que lointaines, étaient autrefois plus proches que nous n'osions l'imaginer.

II. Front français

Nous sommes accueillis au poste de commandement par les officiers responsables qui nous attendaient. Il est vite devenu évident que c'était un phénomène courant. Qu'il s'agisse d'un général, d'un colonel ou d'un commandant, à chaque arrêt, l'officier le plus haut gradé était présent pour expliquer la situation. Et ils ont tout expliqué avec une clarté que seuls les Français semblent posséder – un don extraordinaire, comme le démontrent les rapports officiels détaillant les premières phases de la guerre, qui avaient été partagés avec le public anglo-saxon via Reuter.

Notre petit groupe de quatre personnes était accompagné d'une multitude d'automobiles et de chauffeurs. À aucun moment de la journée, que nous roulions à toute vitesse sur des routes cahoteuses et en mauvais état ou que nous marchions sur le terrain, je n'ai manqué d'un officier d'état-major à mes côtés. Chacun m'a donné l'impression qu'ils n'existaient que pour me rendre service. Chaque détail de notre voyage a été soigneusement organisé et l'ensemble de l'opération s'est déroulé sans problème. Aucun correspondant américain d'avant Lusitanie n'aurait pu être plus choyé par les Allemands, qui cherchaient désespérément ses faveurs, que moi par les Français, qui avaient déjà gagné ma bonne volonté sans avoir besoin d'essayer.

Après les formalités de salutation, nous montâmes sur une haute terrasse d'un grand château voisin. De là, une vaste étendue de France s'étalait devant nous en un demi-cercle chatoyant. Au loin, une basse chaîne de collines, irrégulièrement parsemée d'arbres, marquait l'horizon. Une rivière serpentait à travers le paysage, se jetant dans des parcelles de forêts denses et de petits bosquets. Au-delà, des vignobles sans fin s'étendaient sur des pentes variées, sortant de la vallée presque jusqu'à nos pieds. Tout à gauche, une ville avec d'imposantes cheminées d'usine se dressait silencieusement, sans fumée.

Les paysannes se penchaient dans les vignes, tandis que la terre semblait vivre de cultures, produisant abondamment. La scène était magnifique, se déroulant dans un glorieux après-midi d'été. Le soleil était haut dans le ciel, projetant d'immenses ombres violettes qui se déplaçaient lentement sur les verts éclatants de la terre. L'air était empli d'un sentiment de paix, de majesté et de la richesse tranquille du sol français.

« Vous voyez cette ligne blanche sur les collines là-bas ? » a demandé l'un des officiers en dépliant une carte à grande échelle.

J'ai deviné que c'était une route.

« Ce sont les tranchées allemandes », expliqua-t-il. « Ils sont à cinq miles de là et leurs positions d'armes sont cachées dans les bois. Nos propres tranchées sont invisibles d'ici.

Ce fut un moment monumental : la première fois que j'ai posé les yeux sur les tranchées allemandes. Cette vision apporta un mélange de crainte et de profonde tristesse. Mes pensées se sont précipitées : toute la France au-delà de cette ligne, une terre comme celle sur laquelle je me trouve, habitée par des gens comme ceux qui m'entourent, est sous la tyrannie oppressante des envahisseurs. Alors que j'essayais d'en comprendre l'ampleur, je me suis rendu compte que ces tranchées s'étendaient d'Ostende à la Suisse, et que les mêmes hommes qui les avaient construites étaient engagés dans des opérations similaires aussi loin au nord-est que Riga et aussi loin au sud-est que les frontières de la Roumanie. À ce moment-là, j'ai pensé :

Ces brigands sont peut-être fous, mais ils le sont d'une manière grandiose et terrifiante.

Nous étions arrivés au front.

Durant les vingt derniers kilomètres, nous avions emprunté une route très surveillée et fermée aux civils. Même les officiers d'état-major devaient passer par des sentinelles, murmurant des mots de passe pour éviter d'être refoulés. La vie civile dans cette zone était suspendue, existant dans la précarité d'un repas à l'autre. Les avions rugissaient au-dessus de nous, brisant tout semblant de paix. Aucune lettre ne pouvait quitter un bureau de poste sans un délai obligatoire de trois jours, et les télégrammes étaient hautement suspects. Entrer dans une gare ferroviaire était presque aussi difficile que pénétrer dans une forteresse, et seuls ceux qui possédaient un passeport ou un laissez-passer spécial pouvaient bénéficier des libertés restreintes qui restaient. Pourtant, au milieu de tout cela, je n'ai vu aucun signe de détresse. Personne n'a froncé les sourcils ni ne s'est plaint. Tout le monde semblait accepter la nécessité de ces mesures au service de l'immense machine militaire. Ils attendaient calmement et avec des sourires confiants.

Il serait inexact de dire que la vie civile s'est arrêtée. Sous les niveaux de contrôle militaire, les aspects fondamentaux de la vie se déroulaient. La terre a continué à céder et les récoltes ont prospéré, jusqu'à la limite des barbelés allemands. Les officiers avertirent les paysans du danger, mais ils répondirent simplement : Il faut travailler la terre.

Lorsque l'artillerie allemande commençait à tirer, les femmes vêtues de bleu disparaissaient à l'abri des bois. Une demi-heure après la fin du barrage, ils réapparaissaient prudemment et poursuivaient leur travail. Un paysan, apparemment indifférent, a même installé un parapluie pour se protéger – même s'il s'agissait d'un homme.

Nous étions incontestablement devant. Mais à ce moment-là, la façade semblait plus abstraite que réelle. Aucun bruit de bataille, aucun signe de destruction – juste la ligne pâle et pâle des tranchées allemandes, à peine visible sur les collines lointaines. Un lointain grondement de tonnerre résonna dans l'air. C'était le bruit des coups de feu. Une petite bouffée de fumée apparut au loin. Pourtant, cette brève perturbation n'a en rien altéré la sérénité du paysage. La scène entière semblait indifférente à la guerre qui la menaçait juste au-delà. Mais même dans ce calme, nous savions que nous étions à l'aube de quelque chose de vaste et de dangereux.

Un peu plus loin, on nous a montré les conséquences d'une précédente frappe d'artillerie : un énorme cratère creusé dans la terre. La vue de cette destruction soudaine a rendu la guerre moins abstraite, plus réelle.

« Il y a quatre-vingt mille hommes devant nous », dit l'un des officiers en désignant le paysage.

"Mais où?" Ai-je demandé, ayant du mal à comprendre.

« Enterré… dans les tranchées », répondit-il.

Cela semblait incroyable.

Je me tournai pour demander : « Et les autres, les morts ?

"Nous n'en parlons jamais", fut la réponse calme. "Mais nous pensons souvent à eux."

Un peu plus près de la zone de guerre, nous avons visité le parc du génie où nous avons vu des collines de bobines de fil barbelé, bien plus dangereux que tout ce qu'utilisaient les agriculteurs. Ces bobines semblaient conçues non seulement pour piéger, mais aussi pour déchirer quiconque s'approchait trop près. Il y avait aussi des tas de bois pour étayer les mines, des sacs de terre pour des retranchements de fortune et des chevaux de frise, des dispositifs à quatre pointes conçus pour empaler toute personne assez malchanceuse pour s'y prendre. Même le papier goudronné était stocké pour garder les tranchées sèches. Les quantités de fournitures étaient stupéfiantes.

A proximité, un petit groupe de prisonniers allemands effectuaient des travaux subalternes sous surveillance. Ils se déplaçaient, se résignaient, comme s'ils savaient que la guerre était loin d'être terminée. Un officier nous a raconté que lorsqu'il avait évoqué la possibilité d'échanger des prisonniers, les Allemands avaient protesté, préférant la captivité au retour aux horreurs du front. Les prisonniers semblaient brutalisés, rappelant brutalement les effets déshumanisants de la guerre.

Non loin de là, nous avons visité un hôpital – une ambulance de première ligne – installé dans une usine. C'était le premier arrêt des blessés, qui arrivaient directement des postes de secours situés derrière les lignes de front. Un coup de téléphone appelait une automobile, qui arrivait souvent avant les brancardiers. Les blessés pouvaient être opérés dans l'heure suivant leur blessure, même si une grande partie du personnel et des équipements de l'hôpital étaient mobiles, capables de se déplacer rapidement si nécessaire.

Un hôpital avait déjà été entièrement évacué en soixante minutes, répondant rapidement à un ordre de transfert soudain. Nous avons visité l'établissement, passant par de petits services, des salles d'opération et des zones de stockage, tous dégageant une odeur âcre d'éther. Les patients étaient peu nombreux, mais la lassitude sur le visage du médecin racontait l'immense travail qui avait dû se dérouler derrière ces portes closes.

Dans la vaste cour, nous avons trouvé une tente-hôpital, prête à déménager dans les plus brefs délais. Le personnel médical travaillait tranquillement à l'intérieur, se préparant à la prochaine crise, tandis qu'à l'extérieur, un chariot avec du matériel de stérilisation attendait, prêt à être déployé à tout moment.

Notre visite s'est poursuivie par la visite d'un parc aéronautique, situé dans un vaste champ de blé au sommet d'une colline. Là, nous avons vu des hangars abritant des avions utilisés pour diriger les tirs d'artillerie. Les avions disposaient de leurs propres véhicules de transport ; ils devaient parfois être transportés par route s'ils étaient endommagés. L'officier responsable, un jeune sous-officier à l'accent du sud, a démontré les capacités des avions en nous montrant leur équipement sans fil et en nous donnant l'occasion de nous asseoir dans le cockpit. Malgré le temps peu propice au vol, il a fait tourner le moteur, produisant un courant d'air qui a plié le blé derrière nous et nous a arraché notre chapeau.

Ensuite, on nous a montré des canons anti-aériens, spécialement conçus pour abattre les avions ennemis. L'officier nous a donné une explication détaillée du fonctionnement des armes, qui a duré près d'une demi-heure, même si une grande partie dépassait ma compréhension. Il était clair, cependant, que ces armes étaient conçues pour atteindre leurs cibles avec une précision mortelle.

Notre dernier arrêt fut au soixante-quinze, la fameuse pièce d'artillerie française. Nous avons observé son fonctionnement, la précision avec laquelle il était chargé et tiré, ainsi que la rapidité de son recul. Lorsque nous avons suggéré de le tester, l'agent a immédiatement accepté. En quelques instants, l'arme était prête à tirer. Avec une forte détonation, l'obus fut lancé, sa trajectoire invisible, sa destination inconnue. Un deuxième obus fut tiré pour faire bonne mesure, et les artilleurs se tenèrent prêts, préparés à toute éventualité.

Nous entamons une nouvelle descente dans la terre, nous aventurant quelques mètres plus loin lorsque, de manière inattendue, la tranchée se divise en trois directions. La confusion s'installe. Nous ne savons pas quel chemin suivre, et l'officier derrière nous, aussi perdu que nous, n'en a aucune idée non plus. L'officier qui devrait nous conduire est à une bonne trentaine de mètres d'avance, et malgré nos appels, il n'y a pas de réponse. Nous sortons de la tranchée et émergeons à la surface, où un terrain vague désolé s'étend à perte de vue. Il n'y a aucune trace de nos camarades, pas même une trace de leurs traces. Le sol, vierge de toute présence humaine, semble se moquer de nous. Ceci, en soi, constitue un sombre témoignage de l'immensité et de l'isolement de la guerre des tranchées.

Après un moment de panique, un officier apparaît enfin, nous guidant vers le bon chemin, la tranchée à l'extrême droite. Nous continuons, marchant dans une chaleur accablante, complètement désorientés. Notre sens de l'orientation est entièrement perdu.

Finalement, nous atteignons une portion de route où passe une voie ferrée. Au loin, on aperçoit un ballon captif allemand, immobile dans le ciel. Le chemin de fer, autrefois symbole de progrès et d'efficacité, est aujourd'hui abandonné, ses câbles de signalisation pendent comme des rubans mous, ses voies rouillées. La vue est obsédante. Il est presque incompréhensible d'assister à une telle négligence d'une ligne principale dans ce qui était autrefois un pays civilisé et prospère. On commence à se demander si nous sommes témoins des vestiges d'une civilisation perdue, dont l'âme a été effacée par la folie de la guerre.

Ce tronçon particulier de chemin de fer est inutile tant aux Allemands qu'aux Français. Il se trouve sur le territoire français mais est trop exposé à l'artillerie allemande pour être d'une quelconque utilité. Il reste une dizaine de kilomètres de pistes, servant de monument tragique à l'absurdité de l'invasion. C'est un endroit qui évoque le désespoir.

Le voyage continue et nous arrivons enfin à un village situé à la pointe d'un saillant français. Le spectacle qui s'offre à nous est déchirant. Le village a été complètement détruit. Les ruines sont un sinistre spectacle de guerre. Au milieu des décombres, on aperçoit des vestiges étranges et inquiétants : un ours en peluche posé sur les marches cassées d'un escalier, un cadre de lit à moitié enseveli sous les décombres et des restes squelettiques d'oiseaux dans une cage encore accrochée au mur. La zone entière est un foyer de bombardements, ses habitants pris dans un cycle de violence incessant. Pourtant, malgré le chaos, quelques civils refusent de partir. Dix-sept au total — sept hommes et dix femmes — restent obstinément en place. Je parle avec une femme âgée qui insiste sur le fait qu'il n'y a pas de danger, que la vie doit continuer. Un instant plus tard, un obus explose à une centaine de mètres de là où nous nous trouvons. C'est un triste rappel de l'absurdité de sa croyance et de la cruelle réalité de la guerre qui nous entoure.

L'église du village, autrefois lieu de sanctuaire, n'est plus que l'ombre d'elle-même. Son toit a disparu, mais il reste deux arches minces, défiant apparemment la gravité. Quelques fleurs tristes sont disposées sur l'autel. Malgré les destructions, la messe est toujours célébrée tous les dimanches, témoignage de l'endurance de l'esprit humain. Nous rencontrons le curé du village, un homme frêle portant la Légion d'honneur. Dans ses yeux, on peut voir à la fois le poids de ses années et la détermination sans faille qui l'a maintenu dans cet endroit abandonné.

Nous poursuivons notre voyage à travers les tranchées qui ressemblent désormais à un dédale de passages souterrains. La chaleur du soleil se fait sentir mais ne se voit pas. Des panneaux sur les murs, tels que "Tranche de réplique" ou "Guetteur de jour et de nuit", indiquent le chemin. Nous ouvrons une porte et à l'intérieur, nous rencontrons un homme pâle qui apparaît presque fantomatique, veillant dans l'obscurité. Il ne dit rien, mais sa présence silencieuse est troublante.

Au-delà, nous apercevons une route abandonnée et un vaste réseau de barbelés. Notre chemin continue à serpenter et nous arrivons à une redoute de fortune construite à partir de maisons et d'écuries en ruine. Le bruit des tirs de fusils résonne au loin, mais nous ne pouvons pas en voir la source. On nous montre la chambre de la mitrailleuse, où l'ouverture de la bouche est brièvement découverte, puis nous sommes conduits sous terre jusqu'à un refuge, un abri contre les inévitables bombardements.

Nous nous dirigeons ensuite vers le quartier des hommes, où nous sommes accueillis par un retentissant « Bonjour, les poilus ! du commandant. Son sourire éclatant et ses gestes vifs sont contagieux. Les soldats saluent avec fierté et enthousiasme, leur attitude emplie d'un féroce sentiment de dévotion. Un soldat en particulier se démarque : un homme au regard perçant et à la forte présence. Son langage corporel témoigne d'une confiance inébranlable, comme s'il disait : « Je connais ma valeur et je suis entièrement dévoué à cette cause. » Un jeune officier remarque que ces hommes possèdent à la fois la sauvagerie d'une bête et la pureté d'un ange – une observation profonde que je ne peux m'empêcher d'admirer.

Le régiment, stationné dans le village depuis l'automne, refuse d'être relevé et son énergie semble aussi fraîche que s'il venait d'arriver. Le confort des soldats est surprenant. Ils ont créé de petits jardins avec des statues, un gymnase pour les loisirs et même un théâtre avec une scène et des costumes. Ceci, contrairement au chaos extérieur, témoigne de la résilience et de l'adaptabilité de ces hommes.

Notre destination finale est la tranchée de première ligne, et l'expérience ne ressemble à rien de ce que nous avons vu auparavant. La tranchée, bien que balayée et bien entretenue, ne ressemble guère aux sinistres canaux remplis de boue que nous en sommes venus à associer à la guerre. Au lieu de cela, cela ressemble à une longue galerie en bois. Ses côtés, son plafond et son sol sont tous construits en bois et, bien que le savoir-faire soit rudimentaire, il est fonctionnel et étonnamment soigné.

On nous dit qu'aucun ingénieur n'a été impliqué dans la construction, mais elle est considérée comme l'un des postes les plus ingénieux du front. La tranchée est faiblement éclairée, avec de petites meurtrières offrant une vue étroite mais cruciale sur la zone extérieure. Les meurtrières sont disposées de telle manière que les soldats peuvent viser leurs armes à travers elles sans s'exposer complètement aux tirs ennemis. Chaque meurtrière porte le nom du soldat qui y est affecté, et entre les interstices se trouvent des photographies et des cartes postales d'êtres chers, un rappel poignant des vies qu'ils se battent pour protéger.

En regardant par les meurtrières, nous apercevons au loin les tranchées ennemies, séparées de nous par une bande de terre désolée. La proximité des deux côtés est palpable. La guerre de tranchées qui définit ce conflit est une réalité incontournable tant pour les Français que pour les Allemands. La tension est suffocante et il devient clair que cette guerre n'est pas seulement une question de stratégie et de ressources, mais bien de survie.

Alors que nous quittons la tranchée et retournons aux quartiers du commandant, nous sommes accueillis avec encore du champagne. La célébration est un répit bienvenu des horreurs du front, et l'atmosphère est empreinte de camaraderie et de respect. Le commandant, avec sa confiance et son charme inébranlables, préside la réunion. Son leadership, comme celui de nombreux autres membres de l'armée française, inspire admiration et loyauté.

Dans un dernier moment de légèreté, on nous raconte l'histoire d'un lieutenant qui, en pleine bataille, demanda au curé du village s'il pouvait célébrer la messe. La réponse du curé fut simple mais profonde : « Si vous êtes prêtre, alors vous peut." Ainsi, le lieutenant, en uniforme et au milieu de la destruction, a célébré la messe pour ses hommes.

Alors que nous nous préparons à partir, le bruit des tirs d'artillerie résonne au loin. La tension est à nouveau palpable. Nous nous dirigeons rapidement vers la tranchée, en nous penchant tandis que les explosions secouent la terre autour de nous. Les officiers nous demandent de compter jusqu'à cinq avant de nous lever, par précaution contre les éclats d'obus qui suivent l'explosion initiale. Nous avançons prudemment, en gardant la tête baissée et nos sens en alerte.

Dans cette guerre, le temps et l'espace perdent tout sens. Les lignes de front sont un lieu de danger constant, où la vie et la mort ne sont séparées que par quelques centimètres. Pourtant, au milieu de la violence et de la destruction, il reste un indéniable sentiment d'utilité, la conviction que, malgré tout, la victoire est toujours à portée de main.

III. Ruines Lc'est

Lorsque l'on arrive à Reims par la route d'Épernay, le paysage qui s'offre à nous apparaît au premier abord typique : la vie avance comme d'habitude. Il n'y a plus les contrôles douaniers autrefois nécessaires et les rues sont remplies de l'agitation de la vie quotidienne. Des femmes, certaines jeunes et remarquables, regardent avec indifférence votre voiture passer. Les enfants courent et crient sous la chaleur du soleil, profitant de leur jeu insouciant. Les petits cafés et magasins gardent leurs portes ouvertes, occupés par les transactions quotidiennes. Le boulanger travaille dur et les habitants d'âge moyen continuent leur routine tranquille, plongés dans leurs pensées. Des soldats sont présents, mais ce n'est pas inhabituel ; des soldats sont stationnés dans presque toutes les grandes villes de France, même en temps de paix. En bref, la scène ressemble beaucoup à n'importe quelle rue périphérique la plus pauvre sur le chemin du centre-ville.

Pourtant, en moins de deux minutes, tout change. Un court trajet en voiture et vous entrez dans un quartier où la vie a complètement disparu. Cette zone n'a pas seulement été endommagée, elle a été anéantie. Les bâtiments, bien que partiellement encore debout, sont en ruine et ne peuvent plus être réparés. Il faudra les reconstruire de fond en comble, en commençant par les caves. Cette zone est un terrain vague, vierge de toute vie, témoignage de la destruction. Les grandes maisons, les petites maisons et les magasins ont tous souffert de la même manière. Les façades sont peut-être debout – certaines encore intactes tandis que d'autres penchent de manière précaire – mais les intérieurs ne sont qu'un tas de débris. À certains endroits, des étages entiers ont disparu, ne laissant que des murs apparents. Dans d'autres, les sols pendent à des angles étranges, défiant la gravité. Ce qui était autrefois une maison ou un lieu de travail est aujourd'hui transformé en un tas de ruines méconnaissable. Parmi les tas de gravats, on peut voir des fragments d'objets intimes de la maison : une baignoire, un morceau de miroir, un morceau de tapisserie, une casserole. Même une couronne funéraire est toujours accrochée dans sa boutique, un étrange vestige de la vie normale. Les fils téléphoniques et télégraphiques pendent librement, emmêlés aux poteaux cassés. L'horloge de l'église protestante est figée à six heures moins le quart.

Les obus tirés par l'ennemi semblent capricieux dans leur destruction. Un obus fait simplement un trou dans la cour suffisamment grand pour enterrer toute une armée allemande, tandis qu'un autre, un obus puissant de 210 mm, perce un mur intérieur, ouvrant les caves en dessous. Incroyablement, dix personnes s'y réfugient et, miraculeusement, aucune n'est blessée. Pendant ce temps, d'anciennes enseignes de magasins – telles que « La Bonne Espérance » et « Le Succès du jour » – restent accrochées, leur message étant désormais presque moqueur face à la catastrophe.

Les habitants de ce quartier et de bien d'autres à Reims ont disparu. Certains ont péri, tandis que d'autres ont fui vers Epernay ou Paris. Ils ont tout laissé derrière eux – et pourtant, dans un sens, ils n'ont rien laissé. La tragédie est si vaste, si insondable, qu'il est impossible d'en saisir pleinement l'ampleur. Pourtant, au milieu de l'horreur, il y a une étrange beauté dans les ruines : curieusement, même dans la destruction de l'architecture moderne, les ruines prennent parfois une certaine forme de grandeur. L'image d'un papier peint pâle de chambre contrastant avec une maçonnerie noircie, avec une partie de maison s'avançant telle une colonne déchiquetée au milieu du chaos, reste gravée dans l'esprit. Il symbolise les dégâts causés par les forces allemandes.

Cette destruction n'est pas accidentelle : c'est précisément l'intention des Allemands lorsqu'ils sont entrés en France. L'anéantissement des maisons, des entreprises et des vies, la transformation de la joie en chagrin, était l'objectif depuis le début. C'était l'œuvre de planificateurs et de dirigeants militaires, qui ont conçu cette destruction avec une intention froide et scientifique. La cruauté de cette démarche est évidente, mais ce qui est encore plus dévastateur, c'est sa pure futilité. L'absurdité submerge l'esprit. Cette destruction, née de l'avidité politique, semble encore plus monstrueuse que si elle était déclenchée par un conflit religieux. Il s'agit d'un anachronisme odieux, d'une relique tragique d'une époque révolue qui semble déplacée dans le monde moderne.

Curieusement, dans un quartier voisin – qui n'a pas été complètement effacé – un homme arrive chez lui dans un taxi, ses bagages en remorque. La servante attend à la porte, rappelant brièvement que la vie, dans certaines poches, continue. Autre bizarrerie, un propriétaire qui avait commencé la construction d'une maison juste avant la guerre a repris la construction au milieu de tout ce chaos. Et sur l'esplanade Cérès, la fontaine continue de couler sereinement, malgré la dévastation environnante, alors que les tranchées allemandes se trouvent à seulement trois kilomètres.

Il est impossible à quiconque ayant le sens de la raison d'examiner la géographie de cette destruction sans conclure que les Allemands visaient spécifiquement la cathédrale. En parcourant les rues qui ont subi le plus gros de l'assaut, on voit clairement que les Allemands tentaient de frapper la cathédrale avec leurs bombardements. La majorité des dégâts se concentre autour de cette structure emblématique.

Et pourtant, chose remarquable, la cathédrale est debout.

Bien que la zone qui l'entoure soit rasée, avec des hôtels et le palais de l'archevêque en ruines, la cathédrale reste résistante au milieu de la dévastation. Le toit extérieur a disparu, une grande partie de la maçonnerie s'est effondrée et de nombreuses statues ont été détruites ou déformées en formes grotesques et torturées. Mais dans son noyau et dans sa forme, la cathédrale reste un témoignage d'endurance. Les tours, bien que marquées, restent fortes et dignes, leur présence solennelle inébranlable. Oui, les dégâts sont immenses – les sculptures complexes, les fenêtres en verre et les intérieurs décoratifs ont pour la plupart disparu – mais l'intégrité structurelle de la cathédrale a résisté à l'assaut de l'artillerie allemande. Ce ne sera plus jamais pareil, mais il existe – il reste toujours un symbole de défi face à des obstacles insurmontables.

Les Allemands, peut-être frustrés, semblent utiliser la cathédrale comme cible de leur fureur. Ils lui tirent des obus non pas parce qu'il a une valeur stratégique, mais parce qu'il représente quelque chose qu'ils méprisent, un symbole de la fierté et de la civilisation française. Les Français ont tenté de le protéger en retirant une partie des vitres, mais à chaque fois, des obus allemands arrivaient. Les bombardements d'artillerie incessants se poursuivent, avec 3 000 obus tombant sur ou à proximité de la cathédrale en 24 heures, mais la structure perdure. Les forces allemandes utilisent des éclats d'obus plutôt que des obus hautement explosifs dans leur attaque, indiquant clairement qu'elles souhaitent tourmenter, mais pas détruire la cathédrale. C'est un geste futile, une vaine tentative de briser quelque chose d'incassable.

Quand je suis arrivé à la Cathédrale, on m'a dit qu'il y avait eu quelques jours de calme. Mais à mon retour le lendemain matin, cinq autres obus étaient tombés dans les environs. J'ai pu constater personnellement les dégâts causés par un obus de 155 mm qui a explosé à la base du mur oriental. J'y étais allé la veille au soir et le trou n'était certainement pas là à ce moment-là. Je l'ai inspecté à 8h20, soit deux heures seulement après sa création, et un journaliste me proposait le journal du matin juste à côté. Les débris du bombardement étaient frais, mais la cathédrale, remarquablement, est restée debout.

Plus tard dans la journée, nous avons déjeuné dans un hôtel de Reims qui venait de rouvrir après une période de fermeture. La logeuse et son parent nous ont servis, tous deux encore en deuil. Malgré les récents bombardements, l'atmosphère de l'hôtel était étrangement calme. Les femmes ont traversé la destruction avec une indifférence stoïque, continuant à servir leurs invités avec professionnalisme, comme si de rien n'était. Leur sang-froid face à une telle dévastation était inspirant. Dehors, le soleil brillait et la vie, bien que modifiée, semblait continuer. Les chiens jouaient dans les rues et les enfants erraient sous les arbres. Même si la ville a été frappée, la résilience de ses habitants était évidente.

Pendant le déjeuner, plusieurs officiers nous rejoignirent, des hommes qui avaient combattu dans les batailles de la Marne, de l'Aisne et dans les tranchées. Malgré leurs expériences terrifiantes, aucun n'a été blessé. Ils ont parlé avec beaucoup de sophistication et de calme des horreurs dont ils ont été témoins, mais ils ont également exprimé leur admiration pour le courage et l'héroïsme des soldats et des civils français. Un officier a raconté l'histoire d'un soldat qui, pris à découvert entre les lignes ennemies, a continué à crier « Vive la France ! malgré les tirs répétés. Son courage était inébranlable, même si son corps était criblé de balles.

Après le repas, nous avons continué notre voyage à travers la campagne déchirée par la guerre, en passant par des villes et des champs transformés par la guerre. Tout autour de nous semblait être au service du conflit, même les activités les plus banales. Et pourtant, au milieu de la destruction, il y a eu des moments d'une étrange beauté : un verger fleuri sous un soleil éclatant, ou un chemin bordé d'arbres nous menant vers l'inconnu. À l'approche d'Arras, la présence de la guerre était indéniable, mais la vie, d'une manière ou d'une autre, continuait malgré tout.

Lorsque vous arrivez enfin à Arras, vous ne pouvez pas vous tromper sur l'ampleur des ravages qui ont frappé la ville. Contrairement à Reims, qui offre une illusion passagère d'elle-même, Arras révèle immédiatement son véritable état. La première rue que vous rencontrez est une scène de désolation totale, vide et inquiétante. Des rideaux crasseux pendent en draps en lambeaux, dépassant des fenêtres brisées. Partout où l'on regarde, les restes des tirs d'obus sont évidents. Des morceaux de bâtiments sont éparpillés sur les routes et les trottoirs, entrecoupés de parcelles d'herbe poussant là où se trouvaient autrefois des maisons. En continuant à travers la ville, vous atteignez une grande place circulaire, autrefois grandiose mais aujourd'hui en ruine. Tous les bâtiments qui l'entourent sont dans le même état déplorable et il règne un silence étrange dans l'air. Dans les brefs instants entre les tirs tonitruants des canons, le seul bruit qui brise le silence est le bruissement des stores et des rideaux flottant contre les cadres de fenêtres vides, ou le léger claquement inactif d'un volet lâche. Pas un seul chat ne se promène dans les rues. Nous sommes complètement seuls, accompagnés seulement d'un petit groupe d'officiers d'état-major, nos guides réticents à travers ce paysage déchiré par la guerre. Nous ne pouvons nous débarrasser du sentiment d'être des intrus, profanant un lieu autrefois plein de vie.

En face de nous, un obus a frappé une maison, arrachant toute sa façade. Par le trou béant, on aperçoit le salon du rez-de-chaussée et, au-dessus, la chambre. Le lit est soigneusement fait, les draps blancs sont toujours impeccables, comme s'ils n'étaient pas touchés par le chaos extérieur. Bizarrement, tout reste étrangement immobile. Les meubles, malgré la pente du sol, ne sont pas encore tombés dans la rue en contrebas. La chambre ressemble à une exposition dans un musée, comme s'il s'agissait de la chambre d'un personnage célèbre exposée aux touristes : intacte, préservée, mais si éloignée de sa fonction d'origine. Dehors, quelques chaises ont été arrachées de la maison et gisent à l'envers dans la rue, parmi les décombres, laissées intactes. Dans toutes les directions, les rues bifurquent, mais elles sont silencieuses et envahies par l'herbe et les ruines.

"Voyez la forteresse que j'ai ici !" dit le commandant avec une amère ironie. "Remarquez son importance stratégique. Elle est ouverte de tous les côtés. On peut y entrer, comme s'il s'agissait d'un moulin à vent. Et pourtant, ils la bombardent. Hier, ils ont tiré vingt obus toutes les minutes pendant une heure sur la ville. Des destructions totalement inutiles. . Mais c'est comme ça qu'ils sont !"

Nous avançons plus loin dans la ville et les scènes deviennent encore plus étranges. Une maison est réduite à un toit qui forme désormais une sorte d'arc de triomphe. Tout autour, des plantes en pot, toujours en fleurs, sont soit encadrées contre les murs, soit suspendues aux cadres des fenêtres. Les rues sont recouvertes d'une fine couche de poudre de verre. Les fils téléphoniques et télégraphiques pendent en brins épais et emmêlés, rappelant des toiles d'araignées abandonnées, bloquant souvent votre chemin et vous obligeant à les esquiver. Les bruits d'objets qui bougent ou tombent à l'intérieur des bâtiments en ruine sont constants, créant une atmosphère étrange. Puis, tout à coup, un son perce le silence : le cri d'un bébé. Cela nous rappelle brutalement que la ville, malgré les destructions, n'est pas entièrement abandonnée. Une femme sort de sa maison et verrouille soigneusement la porte derrière elle. Est-ce qu'elle le protège contre la menace des obus ou pour empêcher les voleurs d'entrer ? En marchant, nous remarquons des tuyaux sortant du trottoir, dégageant de la fumée bleue. Ces canalisations sont le signe extérieur que les quelques habitants restants ont transformé leurs caves en espaces de vie de fortune – des salons et des chambres offrant un semblant de sécurité.

Nous descendons dans l'un de ces refuges souterrains. Le salon du rez-de-chaussée, avec ses beaux meubles, a été dévasté par un obus, mêlant de riches sculptures à des morceaux de murs et de rideaux brisés sous une couche de poussière. Mais les quartiers souterrains, avec leur toit voûté robuste et leur apparence solide, sont bien organisés, soignés et étonnamment confortables, offrant un minimum de confort au milieu du chaos. L'entrée est soigneusement protégée, protégeant les habitants de nouveaux bombardements.

"Pourtant", dit le propriétaire en haussant les épaules, "un obus de 210 mm traverserait tout. Ce serait la fin de nous." Il lève les mains en signe de résignation, son fatalisme étant presque à la hauteur de celui de la ville elle-même, un lieu avec une longue histoire de souffrance. Arras a été assiégée et ravagée à de nombreuses reprises. Les premiers Vandales l'attaquèrent à plusieurs reprises, suivis par les Francs, les

Normands au IXe siècle et divers autres envahisseurs. Au XVe siècle, Charles VI l'assiégea pendant sept semaines sans succès, et sous Louis XI, elle fut brutalement maltraitée. Finalement, elle tomba sous la domination espagnole, pour être récupérée par la France en 1640 après un nouveau siège. Depuis, la ville a connu des périodes relativement calmes, à l'exception de la Révolution et, bien sûr, des ravages actuels. Ceux qui sont restés ici semblent avoir hérité d'une capacité remarquable à supporter la souffrance.

Dans la rue où nous avons remarqué pour la première fois les tuyaux de poêle sortant du trottoir, un facteur apparaît, vêtu de l'uniforme postal standard français, avec la boîte-portefeuille noire familière accrochée à sa taille et un stylo derrière l'oreille. Il se déplace de maison en maison, livrant des lettres d'une manière qui semblerait ordinaire dans n'importe quelle autre ville. Sauf qu'ici, il glisse simplement les lettres à travers les cadres de fenêtres vides, sans jamais frapper. C'est une image saisissante, à la fois ordinaire et surréaliste, témoignage de la persistance de la vie au milieu de la ruine.

Nous continuons notre voyage et arrivons à la cathédrale Saint-Vaast, une structure imposante de la ville qui se démarque même dans son état de ruine. Bien que peu salué par les critiques architecturaux, le style baroque massif et simple de la cathédrale d'Arras en fait un candidat idéal pour supporter le poids des bombardements. Ses vastes surfaces planes ont absorbé d'innombrables coups, mais la force du bâtiment demeure. Les cicatrices des bombardements sont clairement visibles, mais elles ne diminuent en rien la grandeur de la cathédrale. Au contraire, ils ajoutent à sa sombre beauté, en faisant un symbole de dévotion religieuse au milieu de la destruction. Les commandants allemands qui ont bombardé ce site n'ont fait que contribuer à la magnificence tragique de la cathédrale. Malgré les dégâts, la présence de la cathédrale est à la fois majestueuse et envoûtante, bien plus frappante que la célèbre cathédrale de Reims.

Dans le transept nord, un obus de 325 mm a créé un trou béant suffisamment grand pour laisser passer une créature géante. Pourtant, même au milieu de ces décombres, il y a une juxtaposition incroyable : à proximité, un café reste presque intact. Les verres, les tasses et les chaises sont toujours là, couverts de poussière, exactement tels qu'ils ont été laissés. On pourrait facilement passer par une fenêtre pour récupérer un verre, mais la scène est absurdement immobile, comme si la ville avait été figée dans le temps. A proximité, une vieille maison exhibe ses poutres apparentes, tandis qu'une poutre est tombée du plafond, brûlant désormais à l'air libre, consumée par les flammes.

Malgré les destructions, la vie persiste. Plus loin, on croise une épicerie de légumes, toujours ouverte et en activité, offrant un étrange semblant de normalité dans un monde par ailleurs dévasté. Alors que nous faisons le tour de la cathédrale et atteignons l'hôtel de ville, nous rencontrons d'autres ruines. Construit au XVIe siècle et soigneusement restauré au XIXe, l'Hôtel de Ville est aujourd'hui en ruine. Derrière elle, une automobile abandonnée, envahie par la rouille, est un triste symbole de la désolation environnante. Le véhicule, épargné par le temps, reste silencieux au milieu de la guerre en cours, un rappel poignant de la souffrance silencieuse de la ville.

À droite de l'Hôtel de Ville, on découvre un spectacle étrange : des rangées de monticules de briques, de pierres et de débris. Ces monticules n'ont aucune ressemblance avec des habitations, ni même avec quoi que ce soit de visiblement humain. Ce ne sont que des tas de décombres marquant les vestiges de ce qui était autrefois la rue la plus importante de la ville. La rue, pleine de vie et de commerce, a disparu, son caractère effacé par les bombardements incessants. Elle sera peut-être reconstruite un jour, mais elle ne sera plus jamais la même.

Curieux, je demande : « Quel est le nom de cette rue ?

Aucun des agents du groupe ne se souvenait du nom de la principale rue commerçante d'Arras, et il n'y avait pas un seul habitant en vue pour le demander. C'était comme si le nom même de la rue avait disparu, comme effacé de la mémoire, tout comme les bâtiments qui s'y trouvaient autrefois. Malgré ses recherches dans les guides de voyage, les encyclopédies et les cartes, il est resté insaisissable – perdu dans l'histoire, caché quelque part au plus profond du temps.

La dévastation de la rue n'était pas un malheur en soi ; elle se trouvait simplement sur la trajectoire de l'artillerie allemande dirigée vers l'Hôtel de Ville. La destruction qu'elle a subie était le résultat d'une approche militaire qui n'avait rien à voir avec la rue elle-même, mais plutôt avec l'hôtel de ville, qui est devenu la cible principale. Les Allemands n'avaient aucun intérêt militaire dans l'Hôtel de Ville : il n'avait aucune valeur stratégique. Il s'agissait pourtant de l'édifice le plus grandiose d'Arras, apprécié des locaux, irremplaçable par son charme. Cela en faisait une cible symbolique. C'était comme si, au lieu de viser directement l'hôtel de ville, les Allemands l'attaquaient indirectement en infligeant des dégâts à tout ce qui l'entourait, comme s'ils tenaient en otage l'enfant d'un soldat et menaçaient de le mutiler à moins que le soldat ne se rende. Que cette action soit le résultat d'une logique militaire ou d'une pure folie, il s'agissait d'une attaque délibérée contre quelque chose qui comptait tant pour le peuple.

En arrivant devant l'Hôtel de Ville, nous avons pu constater à quel point les Allemands y avaient concentré leurs efforts. L'hôtel de ville se trouvait au bord d'une vaste et impressionnante place à arcades, dont l'architecture uniforme date indéniablement de l'époque de l'occupation espagnole. En regardant cette place et sa jumelle presque identique à une courte distance, il est devenu clair qu'Arras était autrefois une ville noble, pleine de grandeur. Il est remarquable que la place elle-même ait à peine été touchée par les bombardements. Aucun obus n'a été perdu sur la place, car les Allemands avaient concentré tous leurs tirs sur l'hôtel de ville, garantissant que la structure la plus précieuse restait en ruines.

De l'autre côté de la place, je me suis tenu sous l'arcade pour me protéger de la pluie et j'ai dessiné les grandes lignes de l'hôtel de ville en ruine. Lorsque j'ai comparé mon croquis avec une gravure ancienne de la même scène, la destruction est devenue encore plus apparente. La colonnade du rez-de-chaussée présentait encore quelques arcs aux contours intacts, mais la partie supérieure de la façade était réduite en décombres, ne laissant subsister qu'un fragment de mur laissant apparaître deux ouvertures de fenêtres. Le toit entier avait disparu et l'ajout ultérieur à gauche du bâtiment avait été complètement anéanti. La maçonnerie sculptée antérieure à droite de l'hôtel de ville était toujours debout mais gravement endommagée. Le beffroi autrefois fier, qui était le plus haut de France avec près de 250 pieds, avait disparu. Ce qui restait était une souche déchiquetée, comme la dent cassée d'un géant, atteignant obstinément quelques mètres plus haut que la ligne de toit d'origine. Autour des ruines, des tas d'ordures et de débris créaient une scène sinistre.

Arras, rappelons-le, est en France et non en Allemagne. Ce fait est significatif car, à l'époque, l'Allemagne était censée mener une guerre défensive, protégeant ses frontières et défendant ce qu'elle considérait comme les idéaux de civilisation les plus élevés. Pourtant, nous voilà à Arras, une ville française qui a subi un niveau de destruction sans précédent en Allemagne. Les Allemands avaient avancé à travers la Belgique et en France, non pas pour conquérir, mais pour se « défendre ». Et ce faisant, ils ont effacé la beauté d'Arras, la transformant en un désert méconnaissable, tout cela au nom de la préservation de leur propre civilisation. Il est difficile de comprendre comment les Allemands pourraient justifier de telles actions s'ils défendaient réellement leurs foyers. Que se serait-il passé, se demande-t-on, s'ils avaient mené une guerre de conquête et de destruction ? Seraient-ils allés plus loin ?

Je ne suis pas partisan de la vengeance ou des représailles, mais il est difficile d'ignorer la dure réalité. L'Allemagne doit comprendre toute l'étendue des destructions qu'elle a causées. La meilleure façon pour eux de s'en rendre compte serait de laisser, à la fin de la guerre, une de leurs propres villes – par exemple Cologne – dans un état similaire à celui d'Arras. Cela pourrait être dur pour Cologne, mais ce ne serait pas plus grave que ce qu'Arras avait enduré. En outre, il est largement admis que les difficultés de la guerre font ressortir le meilleur du caractère d'une nation. Si cela est vrai, alors la guerre, avec toutes ses souffrances, est en quelque sorte un mal nécessaire. Pourtant, après avoir vu la dévastation à Arras, je ne peux nier que j'échangerais, sans hésitation, mes revenus d'un an pour voir Cologne réduite au même état. Ce désir, bien que peut-être injustifiable, vient du fait d'avoir été témoin de la destruction totale d'un lieu autrefois rempli de vie et de beauté.

Alors que nous poursuivions notre voyage à travers la ville, nous avons croisé rue après rue où aucun bâtiment n'était resté intact ou habité. Ces rues, à première vue, semblaient silencieuses, comme si les habitants étaient à l'intérieur, attendant que la tourmente passe. Mais il n'y avait personne à l'intérieur. Il n'y avait personne du tout. Le quartier tout entier était désert, une ville fantôme. La solitude était oppressante et troublante. Chaque fenêtre a été brisée, chaque mur a été ébréché et des pans entiers de certains bâtiments ont été complètement détruits. Un bâtiment a révélé ses six pièces, chacune exposée aux éléments, le papier peint autrefois fin s'effritant désormais. Le propriétaire des lieux avait un penchant apparent pour les poêles à anthracite, puisque chacune des six cheminées en contenait une, toutes miraculeusement intactes. Le bureau de poste avait été rasé, réduit à un tas de décombres.

Nous arrivons ensuite à la gare, construite par la Compagnie du Nord en 1898, un ouvrage relativement moderne. Sa façade était impressionnante, mais elle était désormais criblée de trous d'obus de toutes tailles. Un obus avait raté de peu la façade ornée de la gare, arrachant certaines décorations. Chaque vitre était brisée et la ferronnerie était recouverte d'une épaisse couche de rouille. Les panneaux de la gare, qui guidaient normalement les passagers, étaient étrangement immobiles. On pouvait regarder à travers la gare comme s'il s'agissait d'un squelette vide. Le silence intérieur, ponctué uniquement par le bruit lointain de l'artillerie, n'était pas naturel, glaçant. Sur les quais, les abris vitrés des passagers ont été brisés en minuscules fragments, la ferronnerie étant désormais recouverte de rouille. Les postes de signalisation étaient désolés et abandonnés, leur fonction étant rendue insignifiante par l'épave. Même les voies ferrées elles-mêmes ont été envahies par une végétation rampante, une jungle rampant sur les rails. Ceci, nous a-t-on dit, était le résultat de la guerre défensive menée par l'Allemagne — une guerre menée pour protéger la patrie et ses prétendus idéaux. La réalité, cependant, était une ville transformée en une sinistre ruine, témoignage du coût dévastateur de la guerre. Cette scène s'est déroulée le 7 juillet 1915, jour qui restera gravé dans la mémoire de tous ceux qui en ont été témoins.

J'ai déjà mentionné la nature apparemment vague et fortuite de la guerre lorsqu'elle est menée à une échelle si vaste qu'elle en devient presque insondable. Lorsque vous êtes avec un officier d'état-major, vous pouvez presque tout observer de première main. Même si je suis certain que certaines choses vous sont cachées, dans l'ensemble, vous avez accès à presque tout ce qui est visible. Bien entendu, il n'est pas possible de scruter l'esprit du général, qui détient la clé des stratégies qui façonneront le cours de l'histoire. Le général peut parler longuement du passé ou du présent, offrant des réflexions perspicaces. Mais lorsqu'il est question de l'avenir, il reste discret. S'il est positionné près du centre du front, il pourra vous dire, avec son calme, qu'un mouvement important est à prévoir sur les ailes. A l'inverse, s'il est posté dans l'une des ailes, il vous assurera, tout aussi fadement, qu'un mouvement majeur pourrait bientôt se dérouler au centre. Vous ne vous sentez pas déçu par de telles réponses, car vous savez que les questions que vous posez méritent précisément de telles réponses. Pourtant, malgré cela, il existe un sentiment de déception indéniable à ne pas pouvoir saisir ne serait-ce que le moment présent : les événements bouleversants qui se déroulent autour de vous, résonnent dans vos oreilles et brouillent votre vision.

Prenons par exemple le bruit des armes à feu. Je ne fais pas référence au grondement persistant, presque continu, des coups de feu qui semblent résonner dans toutes les directions, mais plutôt au bruit particulier d'un groupe spécifique d'armes à feu. Je me renseigne à leur sujet, et parfois même les officiers d'état-major hésitent avant de décider s'ils appartiennent à l'ennemi ou aux forces françaises. Généralement, un civil peut distinguer un ennemi touché par le bruit terrifiant et sifflant du projectile qui se précipite vers lui. En revanche, un obus français, s'éloignant de lui, se tait avant même que le bruit de l'explosion n'atteigne ses oreilles. Je pourrais me retrouver pris entre un groupe de canons allemands et un groupe de canons français, presque à égale distance des deux.

Une fois informé du type d'armes et de leur calibre, et peut-être même de leur emplacement approximatif sur la carte de l'état-major, je me rends compte que cette connaissance ne me rapproche pas de la compréhension de l'ampleur de la situation. Localiser ces armes peut prendre une demi-journée d'effort, et même lorsque je les trouve, je ne découvre rien de plus que quelques pièces de machinerie cachées dans un abri de fortune, fonctionnant de manière isolée avec l'aide de quelques hommes trempés de sueur. . Le processus est très éloigné de l'image de guerre à laquelle on pourrait s'attendre. Un projectile élégant est chargé dans l'arme, suivi d'une explosion assourdissante et le projectile disparaît sans laisser de trace. Personne dans le refuge ne semble préoccupé par l'endroit où il est allé ou par ce qu'il a fait. Un téléphone se trouve à proximité, mais tout ce qui en émane sont des chiffres, du jargon technique et, parfois, une réprimande, incitant les hommes en sueur à apporter des ajustements mineurs au pistolet ou à la prochaine cartouche de munitions.

Je n'ai aucune compréhension de la cible, et les hommes qui utilisent les armes non plus. Je suis libre de m'aventurer à la recherche de la cible. On me le fait remarquer. Il s'agit peut-être d'un bâtiment ou d'un groupe de structures, ou bien de quelque chose de complètement différent. Au mieux, ce n'est rien de plus qu'un point lointain dans un terrain tentaculaire et complexe. De mon point d'observation, j'observe une légère bouffée de fumée, aussi délicate et inoffensive qu'une plume flottant dans les airs. À ce moment-là, je ne peux m'empêcher de me demander : peut-on vraiment s'attendre à ce que ces hommes, utilisant leur engin bruyant dans une cabane fermée loin derrière les lignes, ciblent avec précision cette petite marque rouge lointaine sur la structure lointaine ? Et même si, par miracle, ils parviennent à l'atteindre, quelle importance cet objectif particulier revêt-il dans le grand schéma du conflit ? Quel impact sa destruction pourrait-elle avoir sur le cours plus large de la guerre ? C'est là que la guerre semble inexplicablement vague et déconnectée, car même un simple fragment échappe à la compréhension et les parties individuelles de ce fragment ne parviennent pas à s'intégrer dans un tout cohérent. Je me souviens que j'étais debout dans une tranchée de première ligne, écoutant les tirs furieux tout autour de moi, et pourtant je ne voyais rien, je ne comprenais rien de la bataille qui se déroulait au loin.

Le même sentiment de déconnexion s'applique aux mouvements de troupes. Par exemple, je dormais un jour dans une ville derrière les lignes de front lorsque j'ai été brusquement réveillé non pas par le rugissement habituel d'un avion au-dessus de moi, mais par une intense secousse et un grondement de l'hôtel lui-même. Cette secousse a persisté pendant une longue période, juste après l'aube jusqu'à environ six heures, pour recommencer peu de temps après. Je me levai de mon lit et m'aventurai dehors, pour constater que la ville entière tremblait et vibrait. Un régiment passait par là, voyageant en bus. Chaque bus contenait une trentaine de soldats et les bus se succédaient à des intervalles ne dépassant pas trente mètres. Les bus, peints dans un gris terne ressemblant à des cuirassés, étaient presque identiques, à l'exception du fait que certains avaient un toit permanent, tandis que d'autres n'en avaient qu'un temporaire. Certaines comportaient des fenêtres en mica, tandis que d'autres avaient des trous ouverts sur les côtés. Tous les bus transportaient le même nombre de soldats et, dans chacun d'eux, les fusils étaient empilés exactement de la même manière. Lorsqu'un bus s'arrêtait, tous les autres faisaient de même. Les soldats saluaient et souriaient aux jeunes femmes qui se tenaient aux fenêtres ou dans les rues. La ville entière se réveillait. Même si l'on se lève tôt dans de telles villes, la journée a déjà commencé pour tout le monde.

Les soldats, vêtus de leurs uniformes bleu pâle, semblaient jeunes, énergiques et quelque peu usés par leurs voyages. Leurs visages, leurs moustaches, leurs cheveux et même leurs oreilles étaient recouverts d'une épaisse couche de poussière. De toute évidence, ils étaient en mouvement depuis des heures. Les bus continuaient de sortir de la brume poussiéreuse à l'extrémité de la ville et disparaissaient au coin de la rue, près de l'hôtel de ville. Parfois, une voiture d'officier ou un véhicule transportant quelques infirmières passait, interrompant brièvement le cortège, mais bientôt les bus reprenaient leur route, les uns après les autres. L'impression laissée est que toute l'armée française défile dans la ville. Le bruit, les vibrations, les cliquetis, tout semblait se répercuter sur mes nerfs. Finalement, deux dépanneuses sont passées, et le cortège a semblé s'arrêter. Je n'arrivais pas à croire que c'était vraiment fini, mais le silence qui a suivi était presque écrasant.

Ce que j'avais vu, ce n'étaient que deux régiments traversant la ville, sur les centaines qui composaient l'armée française. Deux régiments ! Pourtant, personne ne pouvait me dire d'où ils venaient, quelle avait été leur mission, où ils allaient ou quel était leur rôle spécifique dans le plan de bataille plus large. Ils se déplaçaient sans but, un peu comme une volée d'oiseaux planant à travers un vaste paysage.

Mais parmi les différents mouvements, il y a eu des scènes plus poignantes. L'un des spectacles les plus frappants et les plus émouvants que j'ai rencontrés au front a été la marche d'un régiment vers une petite ville de campagne par une belle et lumineuse matinée d'été. Vint d'abord la fanfare régimentaire, ses cuivres ternis et battus, avec les musiciens portant d'étranges paquets attachés à leurs sacs à dos. Il ne s'agissait pas seulement de musiciens, mais aussi de soldats, vêtus d'uniformes usés et sales. Malgré leur fatigue évidente, ils ont marché avec une certaine dignité, jouant un air entraînant. À leur suite, des cyclistes suivaient le rythme des troupes en marche. Puis arriva un officier à cheval, suivi du gros du régiment. De nombreux fusils avaient leur crosse enveloppée dans du tissu en lambeaux. Chaque soldat emportait tout ce qu'il avait réussi à emporter avec lui lors de la campagne, y compris une paire de jumelles. Les hommes portaient un assortiment d'équipements cassés, déchirés et réparés. Leur épuisement était évident à chaque pas, leurs visages pâles et tirés. Parmi eux se trouvait un jeune officier qui semblait à peine capable de marcher, comme si chaque pas lui enlevait tout. Il se déplaçait comme en transe, ses mouvements lents et laborieux, peut-être par simple épuisement. Parfois, un drapeau triangulaire était hissé pour signaler les positions des différentes compagnies dans les tranchées. Le régiment était sorti des tranchées, mais lesquels, personne ne pouvait le dire.

S'ensuit un cortège de soutien logistique : unités de la Croix-Rouge, chevaux, cuisines de campagne, charrettes, mitrailleuses et munitions. De la vapeur s'échappait des équipements de cuisine pendant la préparation des repas. Même en pleine guerre, le régiment semblait autosuffisant, gérant sa propre nourriture, ses fournitures médicales et ses munitions sans fanfare ni cérémonie. La marche n'était pas une grande revue, mais le rythme calme et déterminé d'une force combattante endurant les épreuves de la guerre.

Au passage du régiment, je n'ai pu m'empêcher de ressentir une profonde empathie pour ces soldats. Je souhaitais que ce jeune officier trouve un endroit où se reposer, un lit décent où il puisse se remettre de sa fatigue. C'était une scène pleine de pathos, mais enveloppée de mystère. Quel fut le rôle de ce régiment particulier dans la stratégie plus large conçue par le général Joffre ?

Malgré tout cela, après un certain temps passé au front, on commence à comprendre que, si la conduite de la guerre peut paraître mystérieuse, elle n'est ni vague ni fortuite. Je me souviens avoir visité un village récemment libéré, portant encore les marques de sa récente conquête. Les soldats que j'ai rencontrés étaient pleins d'énergie, mais il y avait un sentiment indubitable de vigilance dans leur attitude. Ils étaient constamment sur leurs gardes, parfaitement conscients des dangers qui les entouraient. En explorant le village, il est devenu clair que tout avait été minutieusement organisé : tranchées, places fortes, mitrailleuses, barbelés, tous conçus pour résister aux attaques ennemies. Le commandant, visiblement anxieux, s'est assuré que nous étions hors de vue des éventuels tireurs d'élite allemands, sachant que tout manque de vigilance pourrait avoir des conséquences catastrophiques.

Un chemin avait été creusé à travers toute une rangée de maisons, nous permettant de nous y déplacer. C'était comme marcher dans une ruelle bordée de personnages silencieux et vigilants. Puis, une voix feutrée nous a averti de ne pas parler, car les Allemands pourraient l'entendre. Nous avons avancé avec prudence, scrutant les mines profondes, rampant dans des passages étroits et disparaissant dans de longs tunnels souterrains. Nous avons débouché sur un espace où des soldats se tenaient debout, mangeant joyeusement tout en discutant entre eux. A proximité, un groupe d'hommes s'entraînaient avec des grenades à main inoffensives, leurs explosions se répercutant dans l'air.

J'ai suivi le commandant alors que nous tournions à un coin et nous nous sommes retrouvés à regarder quelque chose, même si je ne me souviens plus de quoi il s'agissait. « Ne reste pas ici », dit-il en me faisant signe de continuer. Presque aussitôt que je me suis éloigné, une balle a frappé le mur où je me tenais quelques secondes auparavant. C'était un rappel brutal du danger constant qui se cache à chaque coin de rue.

L'atmosphère au front était chargée de tension. Il y avait un sentiment écrasant que tout le monde était enfermé dans une lutte continue, se poussant les uns contre les autres comme des lutteurs, chaque centimètre de terrain étant âprement disputé. "Décontracté" serait le dernier mot que l'on utiliserait pour décrire tout ce qui se passe ici.

Une autre fois, après une longue marche, l'un des capitaines d'état-major a demandé à une voiture de nous rejoindre au bout d'une route. Une partie de cette route était exposée à l'artillerie allemande à plusieurs kilomètres de distance. À peine la voiture était-elle apparue que nous avons entendu le bruit indubitable et sinistre d'un obus entrant. Elle a traversé l'air et avant même que le grésillement ne s'estompe, l'explosion a résonné dans le paysage. L'obus – un explosif de 77 mm – a atterri avec un rugissement tonitruant.

Les Allemands bombardaient méthodiquement. Pendant la demi-heure suivante, ils ont méticuleusement pilonné le même tronçon de route, lâchant obus après obus à des intervalles de deux minutes. Chaque obus tombait à distance régulière, tous les cent mètres le long de la pente. Depuis une pirogue voisine, j'ai observé le bombardement. C'était une démonstration effrayante de la précision des Allemands, même si, de mon point de vue, cela semblait aussi être un gaspillage insensé de munitions. La route était visiblement déserte et pourtant ils ont continué à tirer.

Naturellement, nous avons décidé de ne pas emprunter cette route. Au lieu de cela, nous avons fait un détour par une zone boisée pour retrouver la voiture dans un endroit plus sûr. La route était cependant inévitable, car c'était la seule voie possible. Le commandant, toujours professionnel, était insensible aux dangers. "La voiture doit monter sur la route", a-t-il déclaré, sans se laisser décourager. "Laisse tomber."

Le fait que la voiture soit utilisée à des fins civiles plutôt que pour des opérations militaires ne le préoccupait pas. C'était toujours un véhicule militaire, conduit par un soldat, et il avait une tâche à accomplir. Ses paroles étaient presque ludiques lorsqu'il se tourna vers le chauffeur : "Autant partir tout de suite. Nous allons vous regarder souffrir !" Un officier subalterne a ri de la situation, même si je pouvais voir qu'il était inquiet.

Malgré nos réserves, la voiture a continué. Les bombardements ont finalement cessé et le chauffeur s'en est sorti indemne, rapportant plus tard que cinq grands cratères s'étaient formés sur la route.

Une autre fois, nous nous sommes retrouvés dans les tranchées, traversant un labyrinthe de tranchées de communication étroites et sinueuses sur une pente raide. Un moment d'inattention – une brève exposition au-dessus du parapet de la tranchée – a entraîné un bombardement immédiat d'obus hautement explosifs. À ce moment-là, l'épuisement dû à notre randonnée, ainsi qu'une faim lancinante, semblaient disparaître. Le bruit des obus sifflant au-dessus de ma tête m'a attiré l'attention, et soudain toute fatigue s'est estompée au second plan.

Les obus continuaient de tomber dans notre voisinage, se rapprochant progressivement. Nous nous sommes divisés en paires et avons couru en gardant une distance entre nous, conformément aux instructions. Après chaque explosion, nous faisions une pause, en comptant cinq secondes, jusqu'à ce que tous les fragments de l'obus soient déposés. Il ne fallut pas longtemps avant qu'un obus semble tomber directement devant moi, faisant trembler violemment le sol. J'ai senti la piqûre des vapeurs de l'explosion, mais elle n'avait pas atterri directement sur moi : elle était tombée juste à ma gauche.

Les tranchées, j'ai réalisé, étaient des merveilles de survie. J'ai ressenti l'onde de choc de l'explosion, mais la tranchée m'avait protégé. Quelques instants plus tard, un ami a récupéré un éclat d'obus de l'obus, une balle dentelée aux multiples facettes conçue pour causer un maximum de dégâts. C'était un triste rappel que, même face à un tel chaos, la guerre n'était ni fortuite ni accidentelle.

L'un des endroits où la nature brutale et inflexible de la guerre m'est apparue le plus clairement était Notre-Dame de Lorette. La petite chapelle qui s'y trouvait, aujourd'hui symbole emblématique de la guerre, était loin d'être belle, du moins d'après les photographies. Mais le sol autour était une autre affaire. Le territoire derrière les lignes de front était méticuleusement organisé, avec des couches de défenses en surface et en sous-sol, conçues pour résister à la violence de la guerre. Même si la configuration de la zone reste implicite, je peux vous dire qu'elle prévoyait toutes sortes de précautions, depuis les fournitures stockées en toute sécurité sous terre jusqu'à divers types de stratégies défensives.

Je me souviens avoir vu des piles de lampes-cheminées enfouies dans la terre, épargnées par le temps. La scène était d'une intégralité envoûtante, une incarnation de la minutie avec laquelle la guerre était préparée. Parmi eux, nous rencontrâmes des prisonniers : deux jeunes soldats allemands gardés dans une petite cabane. Ils s'étaient égarés trop loin dans le dédale des tranchées et s'étaient égarés. L'un d'eux était un homme de la Croix-Rouge, probablement étudiant en médecine avant la guerre. Il était poussiéreux, fatigué et semblait porter le poids d'une mission à laquelle il ne croyait plus. Je me suis retrouvé en sympathie avec lui. Son visage, bien que las et sombre, contenait encore une trace de force juvénile.

Nous avons bientôt rencontré un autre prisonnier, un garçon de vingt et un ans à peine. Il était malade, couvert de terre, son uniforme en lambeaux, taché de sang et d'impacts de balles. Quelqu'un lui avait donné un morceau de pain, fourré dans sa tunique. Il n'était plus que l'ombre de lui-même, les yeux creux et épuisé. L'officier responsable l'a interrogé, mais le garçon n'avait pas grand-chose à dire. Son moral semblait brisé, mais il y avait un soulagement indéniable dans son attitude, comme si, enfin, il était libéré des horreurs de la guerre. Je ne pouvais m'empêcher de m'interroger sur la femme qui l'avait envoyé se battre — peut-être sa mère. Son chagrin était inimaginable et pourtant, dans le contexte de la guerre, on lui aurait dit que son fils était mort pour une noble cause.

Plus tard, en nous éloignant des prisonniers et de leurs sombres histoires, nous sommes tombés sur quelque chose de plus stratégique : une carte. Cette carte était immense, étalée au milieu d'une clairière. À l'aide de craies de différentes couleurs, il marquait la progression des lignes de front, le jaune indiquant l'avancée jusqu'en mai, le bleu marquant les nouveaux gains en juin et le rouge indiquant les derniers empiètements, la nuit précédente.

Les officiers ont examiné la carte avec fierté, désignant les positions clés. Leurs voix, pleines de détermination, parlaient du lieu où se dérouleraient les prochaines batailles. La carte témoigne de la pression incessante exercée sur les Allemands. Tout en respectant les prouesses militaires de l'ennemi, les officiers avaient ici un mépris particulier pour certaines divisions allemandes, notamment les Prussiennes, qu'ils considéraient comme moins résistantes que les Bavarois.

Au-delà du bois, le paysage était un terrain vague. Le sol avait été bombardé sans relâche, ne laissant derrière lui que des cratères et du métal tordu. Il n'y avait ni arbres, ni végétation, juste de la désolation. Les tranchées de communication que nous avons suivies nous ont conduits à travers cette terre aride, où pas un seul brin d'herbe ne pouvait pousser. Les bombardements incessants avaient stérilisé la terre.

En poursuivant notre route, nous avons rencontré des soldats qui nous ont raconté leurs histoires. Un capitaine a raconté comment, le 9 mars, lui et ses hommes s'étaient battus pour maintenir leur position malgré l'eau glaciale et la glace dans la tranchée. "Nous ne nous sommes pas rendus", dit-il fièrement, "mais nous avons perdu vingt hommes et vingt-quatre autres avaient les pieds gelés." Pour lui, cette date avait marqué un tournant dans sa vie.

Plus loin, nous avons croisé un autre officier parlant d'urgence au téléphone, indiquant à ses hommes où tirer.

Tout autour de nous, la guerre se déroulait en temps réel, avec des soldats toujours engagés dans la lutte pour un terrain qui semblait leur échapper.

Ensuite, nous avons atteint un endroit où nous pouvions voir les plaines. Des villages en ruines, dévastés par le conflit, parsemaient le paysage. Souchez, Saint-Éloi, Angres, des noms désormais tristement célèbres dans le monde entier pour le bain de sang dont ils ont été témoins. Le village d'Ablain Saint-Nazaire se démarque cependant. Autrefois une communauté prospère, elle n'était plus qu'un ensemble de bois noircis et de structures brisées. Son église, coquille creuse, s'élevait comme un squelette. Pour les soldats qui y ont combattu et y sont morts, ce village ne serait plus jamais le même.

V. Lignes britanniques

Imaginez une vaste plaine, mais pas vide. Ce n'est pas non plus une étendue aride, dénuée de vie ou d'élévation. Il s'agit plutôt d'un paysage parsemé de collines, parmi lesquelles s'élève une colline particulièrement remarquable, couronnée par une charmante vieille ville qui offre une vue imprenable sur les environs. Cette étendue est loin d'être monotone. Elle est richement boisée, bien cultivée et nullement désolée. La plaine est vivante avec des villages disséminés à travers elle et les petits bourgs ne sont jamais trop éloignés les uns des autres. Ces colonies sont reliées entre elles par un réseau de routes, dont beaucoup sont pavées, et de canaux, traversés par un nombre respectable de voies ferrées.

D'une vue aérienne, la première chose qui ressort est l'abondance des arbres. Leurs sommets arrondis semblent dominer le paysage, et seuls les sommets des clochers des églises s'élèvent au-dessus de cette verrière. D'autres formes d'architecture sont moins proéminentes, visibles seulement entre les feuillages. Les teintes prédominantes du paysage sont des nuances de vert et de gris, et souvent le ciel reflète cette palette, lourde et nuageuse. Le contraste saisissant entre le nord de la France et le sud de la Belgique est subtil, marqué uniquement par le langage utilisé sur les enseignes des magasins et les menus des cafés, les deux régions présentant par ailleurs une ressemblance frappante dans leurs caractéristiques physiques et culturelles.

La présence britannique sur ce territoire est remarquable, se distinguant par un mélange de civilité formelle et de chaleur sous-jacente. L'occupation est à la fois visible et discrète, un équilibre entre ordre militaire et liens humains.

Une rencontre particulière ressort. Alors que j'étais assis dans la rue d'un village, en train de savourer un repas en plein air composé de sandwichs à la confiture, avec une automobile servant de buffet, j'ai demandé à un jeune garçon débraillé jouant avec un petit terrier : « Comment appelles-tu ton chien ? Il a répondu avec un sourire timide mais fier : « Tommy ». La campagne, sillonnée de lignes télégraphiques et téléphoniques, regorge d'un sens visible de la structure, notamment sous la forme de panneaux routiers. Les panneaux sont grands et directs, l'un des plus courants étant l'ordre "Camions à moteur très lents", affiché en lettres grasses sur fond de rues étrangères. À presque tous les carrefours très fréquentés des villes, des soldats assurent la direction de la circulation, assurant la fluidité d'un volume impressionnant de véhicules.

Les routes sont constamment encombrées et regorgent de transports mécaniques. L'ampleur du trafic est écrasante, les camions monopolisant les routes. Ces énormes véhicules, avec leur taille disgracieuse, créent le chaos lorsqu'ils se mêlent à d'autres moyens de transport : automobiles, estafettes à moto, charrettes de paysans et soldats en marche. Le résultat est un embouteillage bien plus chaotique que celui que l'on pourrait trouver dans un centre-ville animé, comme Piccadilly Circus, avant un spectacle de théâtre. Les camions, bien qu'encombrants, contribuent souvent aux embouteillages, non seulement en raison de leur taille, mais aussi en raison du comportement des soldats qui les conduisent. Chaque camion automobile transporte généralement deux soldats à l'avant et un à l'arrière. Cependant, le soldat solitaire à l'arrière, se sentant isolé, saute souvent sur le siège avant pour rejoindre ses camarades, créant un goulot d'étranglement derrière eux alors que d'autres véhicules tentent désespérément de passer devant. Ce n'est que lorsque la voiture d'un officier d'état-major est touchée que les soldats retournent à contrecœur à leur place, après une brève mais sévère réprimande.

Cette activité trépidante et désordonnée sur les routes donne l'image d'une machine complexe et bien huilée fonctionnant en arrière-plan. Il s'agit d'un système si vaste et si multiforme qu'il évoque immédiatement le seul homme qui est la figure centrale de cette organisation : le commandant suprême. Même s'il n'est pas insaisissable, sa présence est importante. La rumeur se répand vite qu'il sera disponible pour un rendez-vous à une certaine heure, et lorsque vous arrivez quelques minutes en avance, vous vous retrouvez dans un grand bureau un peu austère au cachet typiquement gaulois, adouci par la présence massive de son anglo-saxon. -Bâton saxon.

Vous êtes bientôt présenté aux membres de l'état-major général, qui, bien que célèbres et réputés, entrent et sortent du bureau avec un air d'indifférence désinvolte. Ce sont des experts, dont les noms sont synonymes d'excellence militaire, mais dans la pièce voisine, au-delà des lourdes doubles portes, se cache la véritable puissance de cette opération. Le commandant en chef. Lorsque vous êtes enfin autorisé à entrer en sa présence, l'effet est immédiat : un sentiment de crainte et de gravité remplit la pièce.

La pièce elle-même, autrefois salon, porte encore des traces de son élégance d'antan, avec des murs lambrissés de soie et la présence persistante d'un piano à queue dans le coin. Au centre, une grande table contient une carte détaillée, s'étendant sur la table comme un paysage en miniature. L'homme lui-même est un personnage trapu, pas grand mais solide, avec de petites mains et de petits pieds, des ongles portés avec caractère. Sa courte moustache blanche et ses yeux clairs contrastent fortement avec son teint vermeil. Son menton est particulièrement visible, un trait presque provocant. Il n'y a rien de trop raffiné chez lui ; au lieu de cela, son attitude est concentrée et intense, parlant avec des phrases courtes et réfléchies, et marchant d'avant en arrière, s'arrêtant pensivement entre les mots. Lorsqu'il parle de l'ennemi, en particulier des Allemands, il y a un geste délibéré, un hochement de tête provocateur qui en dit long sur sa détermination. C'est la posture d'un homme prêt à régler de vieux comptes. Sa présence dégage un air de détermination obstinée et de pugnacité tranquille.

Après une brève conversation, le commandant en chef vous congédie et, à votre départ, le sentiment d'avoir rencontré un personnage légendaire persiste. Mais il n'est pas le seul personnage important de ce réseau militaire tentaculaire. Il existe deux autres personnages clés, tous deux tout aussi redoutables en eux-mêmes : le quartier-maître général, qui supervise l'approvisionnement en matériaux, et l'adjudant général, responsable de l'approvisionnement en main-d'œuvre. À ses côtés se trouve le Grand Grand Prévôt, figure d'autorité ultime, assurant la discipline et détenant le pouvoir de déterminer la vie et la mort.

Chacune de ces figures opère au sein d'un réseau qui s'étend sur plusieurs niveaux de commandement. Chaque armée, corps, division et brigade a son propre chef et son propre état-major, qui travaillent tous sans relâche pour assurer le bon déroulement de cette opération militaire vaste et complexe. Durant mon séjour sur le terrain, j'ai eu l'occasion de dîner et de converser avec plusieurs officiers de haut rang, tous admirablement dévoués et constamment en mouvement. Ils avaient rarement le temps de se détendre, certains se levant à l'aube et ne se couchant qu'après minuit. Un général que j'ai rencontré a fait remarquer son magnifique jardin, mais lorsque je lui ai demandé s'il l'avait déjà visité, il a répondu avec un sourire ironique : « Je n'y suis jamais allé. »

Le soir, après une longue journée de travail, les généraux partaient souvent dans leurs limousines, retournant à leurs bureaux pour la séance de travail nocturne qui s'étendait jusqu'aux petites heures du matin. Le volume de travail et de responsabilités, même au niveau de commandement le plus bas, comme un quartier général de division, est stupéfiant. Chaque division commande environ vingt mille soldats et le travail impliqué est en grande partie administratif, souvent banal et routinier. Cependant, certains des travaux les plus fascinants se déroulent dans les départements de photographie et de cartographie. Des milliers de cartes sont produites, chacune montrant un aspect différent du champ de bataille à différents moments, et des cartes spéciales sont régulièrement distribuées aux agents de terrain, garantissant qu'ils disposent des informations les plus récentes pour guider leurs décisions.

Aux quatre coins de ce vaste réseau, des généraux aux fantassins, l'accent est mis sans relâche sur l'ordre, la précision et l'efficacité, reflétant l'immense responsabilité assumée par chaque individu dans le maintien de l'effort de guerre.

Les hangars d'aménagement et de réparation du Royal Flying Corps faisaient partie des structures les plus remarquables que j'aie jamais vues : parfaitement conçues, non seulement pour leur fonction pratique mais aussi avec une touche d'élégance. J'ai eu l'occasion de leur rendre visite lors d'une violente tempête, ce qui n'a fait qu'accroître le sentiment de crainte. La machinerie à l'intérieur était vaste et impressionnante ; les niveaux de production, stupéfiants. L'organisation était méthodique, scientifique et efficace, et le personnel à la fois sympathique et hautement compétent. En regardant les avions – ces cages remplies d'oiseaux, comme on les appelait souvent – et en absorbant l'essence même du vol, il n'était plus difficile d'imaginer les exploits extraordinaires que ces aviateurs accomplissaient quotidiennement, planant dans les cieux dans toutes les directions. . Un homme, par exemple, survolait Gand deux fois par semaine, aussi régulièrement que le prévoit l'horaire du train, n'a jamais été gravement blessé. Ces aviateurs avaient un avantage physique unique, du moins c'est ce qu'on croyait : le bruit de leur propre moteur couvrait le bruit des explosions d'obus qui leur étaient destinées.

Il s'avère que le soldat britannique stationné en France et en Flandre est loin d'être autosuffisant. Il a besoin d'un soutien incroyable, plus que ce que la plupart des gens pourraient imaginer. Un jour, j'ai vu les rations pour une seule journée disposées sur un plateau, et cela semblait être une quantité impossible à consommer en une seule fois. Il y avait de la viande, du bacon en abondance, du fromage, de la confiture, du pain et des légumes. Il y avait aussi du thé, du sucre, du sel, des condiments et parfois du beurre, ainsi qu'une provision hebdomadaire de deux onces de tabac et d'une boîte d'allumettes. Mais l'élément le plus important sur le plateau était sans aucun doute la viande. Parallèlement à cela, le soldat avait besoin de plus que de la nourriture. Il avait besoin de carburant, de lettres de ses proches, de propreté, de vêtements et d'un éventail de fournitures de guerre nécessaires à la survie et à la guerre quotidiennes. Et tous ces besoins devaient être satisfaits de manière cohérente et avec une grande précision.

L'ampleur de cette demande ne peut être comprise que si l'on considère les flux continus de marchandises arrivant dans le nord de la France, non seulement de Grande-Bretagne mais du monde entier. Ce flux de matériaux, motivé par l'urgence de la guerre, est comme une force puissante et implacable – un aimant invisible qui attire tout vers les lignes de front, de jour comme de nuit. Suivre le chemin spécifique ou le contenu précis de ces flux serait presque impossible, mais il y a un point où ils convergent tous : la tête de ligne.

Une gare ferroviaire militaire peut ressembler à une petite gare ordinaire et banale, mais elle est en fait une plaque tournante cruciale. Ce n'est même pas la fin d'une ligne de chemin de fer, même s'il sert de quartier général à une colonne de ravitaillement divisionnaire, une division parmi tant d'autres en France et en Flandre. Cette station particulière était dirigée par un major qui, malgré son uniforme kaki et son utilisation d'un langage militaire, ne ressemblait pas au stéréotype du major régimentaire. Il ne se concentrait pas sur la stratégie ou le combat mais sur l'approvisionnement. Son travail consistait à recevoir les ordres des brigades de la division, qui changeaient constamment, et à s'assurer que ces ordres étaient exécutés dans un délai serré de trente-six heures. Il est possible que ce major n'ait jamais vu de tranchée, et il n'était certainement pas doué avec un revolver, mais son expertise résidait dans la gestion des aspects logistiques de la guerre : s'assurant que les trains arrivaient à l'heure et que les camions étaient en parfait état de fonctionnement. . L'honneur de son équipe était lié aux recettes et non aux stratégies de combat.

Ce major était responsable de tout ce dont sa division avait besoin, à l'exception de l'eau et des munitions. Il supervisait l'arrivée des trains chargés de fournitures, allant de la nourriture et des vêtements aux cuisines de campagne et aux canons de campagne, recevant même des lettres des épouses des soldats. Il n'a jamais demandé comment ces objets arrivaient ; sa seule préoccupation était de s'assurer que les trains étaient ponctuels et que ses camions étaient en parfait état. Jour après jour, des tonnes de fournitures jaillissaient de la gare ferroviaire sous son œil vigilant, dont 280 sacs de courrier envoyés aux troupes en première ligne. Ses véhicules étaient entretenus avec une telle précision qu'ils brillaient comme s'il s'agissait des moteurs d'un yacht de luxe. C'était, d'une certaine manière, le dandysme du Army Service Corps, mais c'était également vital pour le bon déroulement de l'effort de guerre.

Le train de la section de construction ferroviaire faisait partie intégrante de l'exploitation de la tête de ligne, qui pouvait poser de nouvelles voies à un rythme effarant : plusieurs kilomètres par jour. Ce train autonome servait à la fois de dépôt, d'atelier et de caserne, assurant l'expansion et l'entretien continus des lignes ferroviaires qui reliaient les lignes de front au reste du monde.

Alors que je parcourais les routes, je voyais parfois des panneaux grossiers cloués sur les arbres avec des étiquettes telles que « Fourrage », « Épicerie », « Viande » et « Pain ». Si j'attendais assez longtemps, je pourrais voir l'un des flots de camions à moteur venant de la gare ferroviaire s'arrêter et décharger leur cargaison. En quelques instants, les provisions – qu'il s'agisse de viande, de pain ou de légumes – disparaissaient aussi vite qu'elles étaient apparues, emportées vers les camps, les cantonnements et les tranchées. Dans une autre partie du champ, je pourrais voir du mouton congelé de Nouvelle-Zélande rôtir dans un four en terre, un spectacle qui, bien que quelque peu rustique, était étrangement satisfaisant. La quantité de nourriture préparée était stupéfiante, et il m'a semblé remarquable de voir à quel point même dans une configuration aussi primitive, tant de choses pouvaient être faites.

Au-delà des vivres, il y avait les matériaux non comestibles, notamment dans le parc de l'ingénieur. Vous y trouverez tous les outils et dispositifs imaginables liés à la guerre, des choses souvent trop complexes pour être décrites en détail mais essentielles à l'effort de guerre. Les téléphones, casques et autres équipements dépassaient tout ce que la plupart des civils avaient jamais vu. Et puis, il y avait le train de munitions, un spectacle vraiment terrifiant. Décharger ce train impliquait la manipulation de toutes sortes de munitions, des cartouches de fusil aux obus massifs susceptibles de détruire facilement des véhicules. A côté des explosifs, il y avait divers engins pyrotechniques et bombes, dont certaines semblaient n'attendre que le moindre contact pour les déclencher. Les agents manipulaient ces appareils avec une nonchalance troublante, comme s'il s'agissait de simples objets de routine, mais il était difficile de ne pas ressentir un sentiment de danger en leur présence.

Mais le plus remarquable était l'absence des soldats eux-mêmes. Dans les lignes britanniques, c'était presque comme si l'armée elle-même était invisible. On pouvait voir des soldats partout, mais ils étaient généralement engagés dans des rôles de soutien, veillant à ce que les besoins matériels des autres soldats soient satisfaits. Les véritables combattants étaient plus difficiles à trouver, souvent en petits groupes ou en unités individuelles. Au cours d'une marche particulièrement longue à travers la campagne, j'ai accompagné un général et parcouru les tranchées, pour découvrir deux soldats : un officier et son subordonné. Mais même eux n'étaient pas en première ligne. L'officier passait ses journées à observer le front allemand à l'aide d'un télescope depuis sa pirogue, où il disposait d'un lit, d'un téléphone et de quelques objets personnels. Parfois, le téléphone bourdonnait faiblement, mais lorsque je lui posais la question, l'infirmier m'expliquait qu'il n'y avait pas de quoi s'inquiéter. C'était seulement quelqu'un qui parlait à quelqu'un d'autre.

La tâche de l'officier était de surveiller une section spécifique du front et d'en rendre compte, mais tandis que j'étais là, je ne pouvais m'empêcher de penser à la vaste étendue de terre, aux collines et aux vallons que nous avions traversés pour arriver à ce point, et les parcelles de terre apparemment insignifiantes qui avaient été le foyer de tant de violence. Je me suis demandé combien de sang avait été versé pour des parcelles de terre aussi petites et insignifiantes.

L'officier nous a minutieusement expliqué chaque détail, nous permettant de comprendre en profondeur le comportement des soldats allemands, tel qu'il les avait observés. Pourtant, lorsqu'il s'agissait de ses propres habitudes, il restait silencieux. Il n'était pas qu'un officier ; il n'était qu'un simple observateur, observant constamment à travers une fente étroite dans l'abri, détaché de toute préoccupation personnelle. Son style de vie, son confort, ses pensées – si son lit était inconfortable, comment il se nourrissait ou s'il s'ennuyait – étaient des questions que nous n'avions jamais posées. Ses humeurs, ses pensées privées sur la vie dans la pirogue et même la fréquence à laquelle il recevait des lettres étaient des sujets que nous n'avions pas dits. C'était un personnage énigmatique, un homme défini uniquement par son rôle d'observateur.

C'était un officier petit et aux manières douces, avec une voix douce, mais il y avait une certaine chaleur lorsque le général, qui avait déjà pris congé, s'arrêtait sous le couvert d'un feuillage voisin. Le général, avec un léger sourire et un signe de tête, s'adressa à lui par son nom : « Bonjour, Blank », sa voix empreinte d'une chaleur indubitable. Il était évident qu'il existait entre eux une compréhension plus profonde, une appréciation mutuelle qui transcendait les simples formalités. "Tu sais, n'est-ce pas, Blank ? combien je t'apprécie." Les mots étaient subtils, mais ils avaient une profondeur qui était éphémère sur le moment. Après le bref échange, alors que le général commençait à parler des music-halls londoniens et des derniers artistes, le bavardage ordinaire revint.

Une autre fois, j'ai assisté à un spectacle rare : vingt soldats se préparant à un véritable exercice de bombardement. Les conditions étaient tendues, car ils s'entraînaient à bombarder une tranchée allemande avec des explosifs réels. Le jeune officier responsable, apparemment indifférent au danger, a montré avec désinvolture comment manier les bombes. "C'est parfaitement sûr", nous a-t-il assuré, "jusqu'à ce que j'enlève cette épingle." Sur ce, il a retiré la goupille et nous avons observé les hommes marcher vers la tranchée, se préparant à l'explosion. Nous étions maintenus à une distance sûre, cachés derrière la couverture offerte par le terrain – rien de plus que de légers monticules de terre. Des sentinelles veillaient à ce que personne ne s'aventure trop près. On nous a demandé de nous accroupir et de nous protéger. Alors que nous nous blottissions derrière notre abri de fortune, nous avons entendu le bruit tonitruant des explosions : Bang ! Claquer! Bang ! – accompagné du gémissement aigu des éclats d'obus fendant l'air au-dessus de nous. Lorsque la fumée a finalement commencé à se dissiper, nous avons regardé par-dessus le bord et avons vu les soldats se précipiter, bravant la tranchée bombardée. Miraculeusement, aucun d'entre eux n'a été blessé ou tué.

Dans un autre cas encore, j'ai eu la rare occasion d'assister à une brigade entière en action. Plusieurs milliers d'hommes, accompagnés de leurs véhicules de transport, marchaient en formation parfaite, deux généraux surveillant de près tout signe d'imperfection. L'exposition était tout simplement majestueuse : une démonstration impressionnante de discipline militaire. Cependant, il lui manquait la crudité que j'attendais de la guerre. Au lieu de ressentir la tension et le chaos de la bataille, j'ai vu une machine finement réglée. En les regardant marcher, j'ai commencé à me demander : si toute l'armée britannique marchait à mes côtés à ce rythme, combien de temps leur faudrait-il pour passer ? J'ai calculé qu'il faudrait environ trois semaines d'observation continue, sans aucune pause pour les repas, pour observer l'ensemble de la force dans son intégralité. Ce fut une prise de conscience étonnante, qui m'a fait prendre encore plus conscience du fait que la véritable ampleur de la guerre restait insaisissable.

Une image plus vivante de l'armée m'est venue à l'esprit lorsque j'ai visité les bains d'une nouvelle division : la Nouvelle Armée. Là, les soldats se baignaient, un répit momentané de la crasse de la guerre. La configuration était étonnamment britannique, peut-être plus que ce que les soldats et les officiers pensaient. Les bains étaient installés dans une grande usine reconvertie à cet effet. Un jeune subalterne, sans doute désireux de se joindre au combat mais cantonné à ce rôle administratif, gérait les bains. Non seulement il était le gardien des bains, mais il supervisait également les opérations de blanchisserie, veillant à ce que les soldats puissent enfiler des sous-vêtements propres après leur bain. La blanchisserie employait des femmes et des filles locales, travaillant sans relâche dans des températures extrêmement élevées, même si aucune ne semblait faiblir sous la chaleur. Après des semaines passées dans le monde dur et mécanique de la guerre, les femmes, avec leur grâce et leur charme, étaient un spectacle bienvenu. Ils étaient époustouflants, peut-être parce qu'ils offraient un rappel éphémère du côté le plus doux et le plus humain de la vie, qui avait longtemps été absent de notre existence quotidienne.

Parmi les objets dans la blanchisserie se trouvait une exposition de musée particulière : une collection de chemises qui avaient été portées au début de la guerre des tranchées, reliques de la saleté et de la misère qui étaient devenues une partie de ceux qui les portaient. Ces chemises, selon les experts, étaient sans égal dans leur désordre. C'était un hommage étrange, presque grotesque, aux profondeurs de la guerre.

Les bains eux-mêmes étaient simples, mais efficaces : de grandes cuves fumantes où les soldats pouvaient nettoyer la saleté du champ de bataille. Deux cent cinquante hommes pouvaient se baigner, se changer et être prêts au service en une seule heure. Des groupes plus importants pouvaient les traverser en une matinée, même si la véritable ampleur de l'opération n'est devenue claire que lorsque j'ai vu des compagnies entières de soldats entrer, sales et fatigués, et en ressortir fraîchement nettoyés, apparemment plus calmes et confiants. Ce fut un bref moment de répit au milieu du chaos. La masse de soldats marchant vers les bains, et ceux qui s'en éloignaient, suscitaient de plus en plus de soupçons quant à l'existence d'une armée bien plus nombreuse, cachée quelque part dans les environs.

Mais malgré ces aperçus de l'armée en action, je n'avais pas encore vraiment compris l'immensité de l'armée ni son infrastructure complexe. J'avais observé des lignes d'approvisionnement et des flux de ressources se déplaçant vers l'ouest, retournant vers l'Angleterre. Là, dans les hôpitaux de Boulogne, j'ai été témoin de la suite de ce parcours logistique. Le processus était méticuleux et chaque étape était conçue pour garantir que les soldats recevaient les meilleurs soins possibles, du poste de secours au poste de secours avancé, en passant par l'ambulance de campagne et enfin le poste d'évacuation des blessés. A Boulogne, j'ai vu un hôpital où des milliers de soldats recevaient des soins pour leurs blessures. Même dans les stations de dédouanement, l'accent était mis sur le déplacement rapide des dossiers, en les triant et en les envoyant pour des soins ultérieurs. Certains hommes, après avoir franchi les étapes initiales, finiraient par monter à bord de trains d'ambulance ou de barges, naviguant vers l'Angleterre pour un traitement plus intensif.

À Boulogne, l'ampleur des efforts déployés pour soigner les blessés est devenue évidente. La blanchisserie à elle seule était si vaste qu'elle avait dépassé la ville, son travail étant envoyé en Angleterre pour y être transformé. Mais même dans cet environnement, l'objectif principal était de régler les cas, de les faire passer le plus rapidement possible à l'étape suivante des soins.

L'un des sites les plus frappants était l'hôpital des chevaux. De nombreux chevaux ont été blessés, certains par des obus, mais ils ont été traités avec le même soin et la même attention que les hommes. La vue d'un cheval opéré sous chloroforme a laissé une impression durable. L'animal, ayant refusé de se réveiller après l'opération, a été doucement ramené à la vie. Il était impossible de voir le cheval comme autre chose qu'une créature vivante et respirante, semblable aux hommes soignés pour leurs blessures.

Dans les derniers instants de mon séjour au front, j'ai eu un aperçu de la véritable ampleur de l'armée britannique. J'ai marché le long d'étroites chaussées en bois, traversant des murs de sacs de sable qui formaient les défenses de la ligne de front. Grâce à un périscope, j'ai vu les positions ennemies et les barbelés qui nous séparaient. Les hommes entraient et disparaissaient de la vue, se préparant au combat ou s'occupant de tâches plus modestes. Les soldats étaient prêts, mais l'atmosphère était étrangement calme, loin du chaos des lignes de front. Alors que je me séparais du major, qui m'avait guidé à travers la région, j'ai été frappé par la réalisation à quel point le monde que j'avais vu était différent de celui que j'avais imaginé.

"Eh bien, que penses-tu de nos 'tranchées' ?" » demanda le Major, la voix teintée d'attente.

"Très bien", ai-je répondu, même si ma réponse était plus par habitude que par un véritable enthousiasme. Je me demandais si ma brève réponse l'avait satisfait.

En partant, je n'ai pas pu m'empêcher de réfléchir à ce dont je venais d'être témoin. J'ai compris, pour la première fois, ce qu'était réellement la guerre : une machine complexe et implacable, détruisant tout sur son passage. Pourtant, je ne parvenais toujours pas à me débarrasser du sentiment qu'il y avait bien plus sous la surface, caché à la vue. Et en partant, mes pensées se sont tournées vers le voyage à venir, me demandant si nous parviendrions à reprendre le chemin du retour en toute sécurité.

Alors que nous approchions d'Ypres, nous avons rencontré un chariot civil dont le contenu était un mélange de meubles provenant d'une maison modeste et de plusieurs longs morceaux de cadre-cadre doré. La vue de l'or brillant sur le chariot a attiré notre attention au milieu du chaos. Le vent était implacable, fort et chaud, soulevant la poussière de la route et de la voie ferrée voisine, rendant l'air épais d'inconfort. Le grondement lointain des tirs d'artillerie était constant, rappelant le danger qui nous entourait. On nous a demandé à maintes reprises de franchir certaines zones en toute hâte, pour éviter de nous attarder, et les véhicules qui nous transportaient ont reçu des indications précises sur les endroits où nous cacher pendant nos brèves absences.

Tout en continuant, nous sommes passés à un endroit où un obus avait touché le sol au bord de la route, envoyant une pluie de terre et de pierres s'écraser sur le toit d'un asile du côté opposé. Étrangement, l'asile lui-même semblait intact et la route sous nos pieds était indemne. Cependant, les débris de l'explosion jonchaient le toit. Malgré les signes de destruction autour de nous, nous n'avions que peu de peur ; les chances que le fabricant d'encadreurs s'échappe avec ses affaires semblaient extrêmement en sa faveur. Et effectivement, il l'a fait. Pourtant, la situation a touché une corde étrange en moi. Pour un esprit non allemand trop sensible, il semblait presque injuste que l'encadreur, après avoir perdu son gagne-pain, doive risquer sa vie juste pour sauver les restes de sa carrière autrefois florissante.

Plus loin dans la ville, près de la périphérie, nous avons vu deux hommes s'employer à récupérer les planches d'un étage supérieur d'un immeuble qui avait subi peu de dégâts. C'était presque tout ce qui restait de la structure, et ils ont travaillé avec détermination, risquant tout pour récupérer ces précieux matériaux. Leurs efforts, dans le contexte d'une destruction plus large, semblaient presque stupidement héroïques.

Cela faisait près de deux décennies que je n'avais pas visité Ypres et à cette époque, les travaux de restauration de la ville venaient tout juste de commencer. La restauration des monuments historiques, notamment la Halle aux Draps et la Cathédrale Saint-Martin, était en voie d'achèvement lorsque la guerre a éclaté, juste à temps pour que le conflit fasse des ravages. Ce fait, comme l'affirmaient certains Allemands, renforçait leur théorie selon laquelle la Belgique, de connivence avec la Grande-Bretagne, se préparait à la guerre depuis le début – une affirmation absurde mais largement répandue. La Grande Place, l'une des plus grandes places publiques d'Europe, était encore reconnaissable. En fait, il était si vaste qu'un paquebot de taille moyenne pouvait s'y installer confortablement. Il n'y avait aucune autre place à Londres ou à New York où un navire de 10 000 tonnes pouvait être aussi facilement accueilli. Même un navire de 15 000 tonnes comme l'Arabe pourrait y entrer, même en diagonale.

La Grande Place a été témoin d'une grande partie de l'histoire. Au XIIIe siècle, c'était le cœur d'une ville prospère avec une population animée de 200 000 tisserands. Pourtant, au fil des siècles, une combinaison de mauvaise gestion locale et d'agression étrangère a considérablement réduit la population de la ville. Au XVIe siècle, ce nombre était tombé à 5 000 et au XXe siècle, à un peu plus de 17 000. Aujourd'hui, c'était complètement désert. La ville était devenue inhabitable. Quelques mois seulement avant ma visite, la ville était pleine de vie. Les personnes qui avaient fui lors de la première vague de bombardements ont commencé à revenir, mais leur espoir a été de courte durée. Dès la troisième semaine d'avril, la Grande Place avait connu du commerce, avec des stands vendant des cartes postales illustrant la destruction de la gare. Puis vint le bombardement majeur qui, m'a-t-on dit, se poursuivait toujours.

Pour comprendre l'étendue des dégâts, il suffit de pénétrer dans la cathédrale Saint-Martin. Cette structure gothique, construite pour l'essentiel au XIIIe siècle, avait subi des dommages catastrophiques. La tour, restée inachevée depuis sa construction, ne sera jamais achevée aujourd'hui. Une grande partie du corps de la cathédrale était en ruines. Le chœur n'avait aucun toit et des parties de l'abside et de la nef gothique primitive avaient été détruites par le vent. La rosace du transept sud, autrefois un spectacle à couper le souffle, avait été réduite à néant. À l'intérieur, les débris des parties détruites du bâtiment se sont entassés comme une montagne méconnaissable, recouvrant l'intérieur autrefois grandiose. Le tas de briques cassées, de pierres et de poussière s'étendait sur 15 000 à 20 000 pieds carrés, s'élevant par endroits jusqu'à six ou sept mètres de haut. C'était comme si la cathédrale avait été engloutie par la terre elle-même. Escalader le monticule de décombres était périlleux, car il ressemblait à une chaîne de montagnes dangereuse.

Malgré les ruines, quelques vestiges de beauté subsistent. Les couleurs vives de l'autel contrastaient fortement avec la dévastation environnante, et l'orgue, miraculeusement intact, s'accrochait au mur nord du chœur. Dans la sacristie, les candélabres et les meubles d'autel étaient jaunis par les effets corrosifs de l'acide picrique. De loin, la cathédrale paraissait solide, mais une fois à l'intérieur, la crainte que les vestiges fragiles ne s'effondrent au moindre dérangement était palpable.

En sortant de la cathédrale, j'ai ressenti un sentiment de soulagement, mais ce sentiment a été de courte durée. Juste à l'extérieur, j'ai été confronté à la force destructrice qui avait causé cette dévastation. Un obus de 17 pouces avait laissé un cratère de 50 pieds de large et l'explosion s'était produite dans un cimetière, où les os des défunts gisaient désormais éparpillés parmi les décombres.

La Halle aux Draps, peut-être plus impressionnante que la cathédrale elle-même, avait subi des dégâts similaires, sinon pires. La façade de trois étages, autrefois une merveille d'architecture, était partiellement effondrée. Il y avait un énorme espace sur le côté gauche et le verre avait disparu depuis longtemps. La façade semblait légèrement penchée en avant, même si je ne pouvais pas dire s'il s'agissait d'une illusion d'optique ou d'un véritable changement dans sa structure. La tour centrale, bien que brisée, conservait encore un semblant de sa forme originale. Le reste de l'intérieur du bâtiment avait été réduit à un désordre chaotique de décombres. Le magnifique Niewwerk, une structure Renaissance située à l'extrémité est de la Halle aux Draps, avait entièrement disparu, tout comme l'hôtel de ville voisin. Seuls des fragments de maçonnerie voûtée et des tas de débris marquaient l'endroit où ils se trouvaient autrefois.

Les environs de la Grande Place n'étaient pas meilleurs. En me promenant sur la place, je me suis retrouvé entouré de débris et de ruines. Quelques bâtiments, comme l'Hôpital de Notre Dame, ont survécu relativement indemnes, même s'ils étaient encore fortement dégradés. Le reste de la place, cependant, n'était guère plus qu'un cimetière de murs brisés et de structures effondrées. Dans certaines régions, l'odeur de la décadence et de la mort persistait dans l'air, rappelant durement le coût de la guerre.

À un moment donné, je me suis arrêté pour faire une esquisse de la scène, dans l'espoir de capturer la grandeur de la destruction pour la postérité. Le spectacle devant moi, avec ses vestiges obsédants de bâtiments autrefois grandioses, était si frappant que j'ai pensé que le gouvernement britannique avait le devoir de le photographier correctement, pour s'assurer que le monde soit conscient de l'ampleur de la dévastation.

Je me suis assis au bord d'un trou d'obus près de l'hôpital, n'osant pas m'approcher trop près de peur que le bâtiment ne s'effondre. Le vent hurlait autour de moi et le bruit des coups de feu lointains ne s'arrêtait jamais. Un avion britannique survolait les lieux, sa présence rappelant que la guerre était loin d'être terminée. Les rues autour de moi étaient étrangement silencieuses, à l'exception de quelques rafales de vent occasionnelles ou de la fumée lointaine d'un autre bâtiment en feu. La Grande Place, autrefois un centre de commerce et de vie prospère, était désormais un rappel désolé et obsédant des destructions provoquées par la guerre.

Je me suis murmuré : « Un obus pourrait atterrir ici à tout moment. »

La peur s'est glissée dans mon cœur, mais étonnamment, ce n'est pas la peur d'un obus imminent qui m'a consumé. Non, c'était quelque chose de bien plus intense : la solitude écrasante et suffocante. Des villes comme Reims et Arras, bien que touchées par la guerre, étaient toujours habitées. Il y avait du monde – des facteurs, des journaux, des magasins et même des cafés qui bourdonnaient au rythme léger de la vie normale. Mais à Ypres, il n'y avait rien. Pas d'agitation, pas de vie. Chaque rue ressemblait à un désert vide, dépourvu même des signes d'existence les plus élémentaires. Pas un seul chien ne cherchait des restes. Le silence était étouffant, lourd comme un poids invisible pressé contre ma poitrine.

Pour éviter toute confusion, j'avais promis à l'officier d'état-major de ne pas quitter ma position sur la place jusqu'à son retour. Aucun de nous ne voulait risquer de se promener dans le dédale des rues, jouant par inadvertance à une partie de cache-cache dans cette ville sinistre et déserte. Je suis donc resté seul, prisonnier du vaste vide qui m'entourait. J'avais désespérément envie du retour de mes compagnons.

Soudain, le bruit des voix et des pas résonna faiblement au loin. Deux soldats britanniques apparurent au coin de la rue, traversant lentement la place. Face à l'immensité de l'espace vide, ils semblaient minuscules, presque insignifiants. J'ai ressenti une envie soudaine de les approcher, de leur parler, mais je savais mieux. Les Anglais ne font pas ça, surtout dans un endroit comme Ypres. Nous avons échangé des regards désinvoltes – ni plus, ni moins – chacun prétendant que tout était parfaitement normal.

Tant qu'ils étaient en vue, j'éprouvais un étrange sentiment de sécurité, comme si leur présence pouvait conjurer le malaise grandissant dans ma poitrine. Mais une fois qu'ils disparurent au loin, la peur revint, plus forte qu'avant. Ce n'était pas seulement de la peur, c'était un sentiment d'effroi omniprésent, un sentiment troublant qui me rongeait les nerfs et faisait s'emballer mon esprit avec des pensées sombres.

J'avais promis de dessiner la scène, alors je me suis mis au travail, mais c'était plus par obligation que par envie. Une fois la tâche accomplie, je me levai d'un bond, impatient de m'échapper des limites de mon petit coin. J'ai erré dans les rues, espérant apercevoir mes amis revenir, mais tout ce que j'ai trouvé, c'était le même vide qui me hantait. J'étais déprimé, irritable et je regrettais honnêtement ma décision de venir au front. Je ne pouvais pas m'empêcher de penser que je ne quitterais peut-être jamais Ypres vivant.

Quand, enfin, je vis l'officier d'état-major approcher, le soulagement m'envahit. Mais le sentiment de désolation persistait longtemps après, comme un nuage sombre qui refusait de se dissiper.

Ypres, comme tant d'endroits touchés par la guerre, avait des rues autrefois pleines de vie. L'une des rues principales, la rue de Lille, est restée gravée dans ma mémoire. Elle s'étendait de l'autre côté de la Halle aux Draps jusqu'à la porte de Lille et menait vers les lignes allemandes. Cette rue était réputée pour son architecture époustouflante. Il y avait l'Hospice Belle, un refuge du XIIIe siècle pour femmes âgées, le musée, autrefois hôtel Merghelynck, rempli d'antiquités, et l'hôpital Saint-Jean, bien que moins remarquable que son homonyme à Bruges. La Maison de Bois, un bel édifice gothique, se dressait fièrement au bout de la rue, et le Steenen, un édifice du XIVe siècle, avait été transformé en bureau de poste de la ville.

Pourtant, alors que je marchais maintenant dans la rue de Lille, j'étais frappé par sa désolation obsédante. À l'exception du bureau de poste, qui paraissait miraculeusement intact, le reste de la rue était en ruines. Les murs des bâtiments étaient réduits en ruines, les mauvaises herbes poussaient des fissures dans les pierres et la poussière tourbillonnait dans l'air, emportée par le vent qui balayait les vestiges fantomatiques de la ville. L'odeur de pourriture était omniprésente, s'élevant de la maçonnerie brisée qui cachait les vestiges du passé. C'était comme si la rue elle-même pleurait la perte d'une vie autrefois vibrante.

En tournant dans une petite rue, je suis passé devant ce qui semblait être des maisons de dentellières. Ces petites maisons, si humbles et si discrètes, semblaient épargnées par la dévastation. Les Allemands, avec leur précision méticuleuse, auraient épargné ces rues des tirs d'artillerie, car elles étaient insignifiantes dans le grand projet de leur destruction. Pourtant, je ne pouvais m'empêcher de me demander comment ils parvenaient à une telle précision avec leur artillerie, guidés par ce qui devait être des cartes incroyablement détaillées. La rumeur courait que certaines de ces cartes avaient été acquises par tromperie, que des agents allemands s'étaient fait passer pour des citoyens pour recueillir des renseignements.

Même si les rues semblaient intactes, le calme était troublant. Les portes des petites maisons étaient grandes ouvertes, révélant des pièces en désordre. Les petits salons, bien que désordonnés, contenaient encore les restes de la vie quotidienne : des meubles, autrefois disposés avec amour, maintenant jetés à la hâte. Les cheminées étaient encombrées de bibelots et les tiroirs restaient ouverts, non vidés, comme si les habitants avaient été brusquement interrompus dans leur vie.

Il était frappant de constater à quel point ces maisons modestes étaient semblables les unes aux autres, leurs intérieurs étant pratiquement identiques dans leur simplicité. Cette ambition commune de refléter la vie de chacun était touchante, même dans sa tragique simplicité. Les rues elles-mêmes semblaient raconter l'histoire de vies interrompues, de femmes et d'enfants fuyant en toute hâte, laissant derrière eux toute une vie de souvenirs et de biens éparpillés comme des restes abandonnés de leurs vies passées.

Même si les intérieurs étaient un instantané de la vie de famille – ustensiles de cuisine, vêtements, petits souvenirs d'une vie interrompue – j'hésitais à m'aventurer à l'étage. Je savais que le pillage était strictement interdit et je respectais les règles, même si je ne pouvais m'empêcher de me sentir comme un visiteur dans un monde oublié. Alors que je marchais de maison en maison, le calme étrange m'envahissait. Ces maisons vivaient autrefois au rythme de la vie quotidienne, mais elles sont désormais de creux rappels de ce qui a été perdu.

J'ai été frappé par la rapidité avec laquelle tout avait changé. Il y a un instant, ces maisons étaient des maisons. Puis, une alarme soudaine et généralisée a balayé les rues et, en un clin d'œil, elles sont devenues des structures sans vie, abandonnées, dépourvues de leurs anciens occupants. Où ils sont allés, je n'ai jamais demandé. Cela semblait inutile. Ils avaient tout simplement disparu, absorbés dans la vaste mer de réfugiés.

Au-delà de la ville, les banlieues désolées étaient également en ruines. Les usines étaient comme des squelettes rouillés, les canaux stagnaient et étaient oubliés, et les gares étaient silencieuses, abandonnées aux mauvaises herbes envahissantes. C'était comme si le temps lui-même s'était arrêté, ne laissant que les ruines de ce qui avait été autrefois une communauté prospère.

Non loin de la périphérie se trouvaient les positions de l'artillerie allemande, leurs canons pointés directement sur le cœur d'Ypres. C'étaient des armes de destruction, guidées par des hommes qui avaient consacré leur vie à perfectionner l'art de l'anéantissement. Autour d'eux se trouvaient des soldats, autrefois hommes libres, désormais réduits à de simples instruments de guerre, exécutant les ordres avec une efficacité brutale.

Chaque obus tombé sur Ypres était le produit d'une planification méticuleuse, le résultat direct de commandes pesées et décidées avec soin. La destruction de cette ancienne ville n'était pas le fruit du hasard ; c'était un effort délibéré et délibéré pour effacer quelque chose de beau. Les généraux, le visage rempli d'une sombre satisfaction, célébraient chaque coup réussi. "Encore un obus dans la Cathédrale !" s'exclamaient-ils. "Un trou dans la Halle aux Draps !" Et ainsi, Ypres fut lentement réduite en décombres, son histoire vieille de plusieurs siècles brisée.

"Mais", pourriez-vous dire, "c'est la guerre, après tout". Et oui, c'est peut-être vrai. Mais même en temps de guerre, il y a des moments où nous prenons le temps de réfléchir à la tragédie de tout cela.

L'avenir d'Ypres, bien qu'incertain, reste un sujet qui captive l'imagination. Même si elle n'est qu'une des nombreuses villes qui ont enduré de terribles souffrances, elle occupe sans aucun doute une place unique dans l'histoire. De nombreuses petites villes et villages ont subi des destructions similaires à celles d'Ypres et, dans certains cas, ils ont peut-être même subi davantage de dévastation. Cependant, aucune ville ayant le même niveau d'importance historique, commerciale et artistique n'a autant souffert qu'Ypres jusqu'à présent. Il constitue un symbole tragique de la dévastation provoquée par les forces allemandes en Belgique pendant la guerre.

Ypres se trouvait sur la route de Calais, mais sa proximité avec cette voie stratégique ne fut pas la véritable cause de sa destruction. Même si les canons allemands n'avaient pas réduit la ville en ruines, le chemin vers Calais ne serait pas devenu plus facile pour leur machine militaire. Ypres n'a jamais été destinée à être une place forte militaire, et elle n'aurait pas pu le servir. Si les Allemands avaient pu vaincre les forces britanniques stationnées près d'Ypres, ils auraient pu traverser la ville sans grande résistance, comme un prédateur traversant un champ non protégé.

Le véritable crime d'Ypres était son emplacement malheureux. Il se trouvait sur le chemin d'une armée ennemie frustrée et enragée, qui, malgré son écrasante supériorité numérique et son immense puissance de feu, ne pouvait pas vaincre la petite mais déterminée force britannique dans la région. Les forces allemandes, débordantes d'arrogance et d'excès de confiance, étaient naturellement furieuses de leur incapacité à percer. Dans leur fureur, ils cherchaient à détruire quelque chose — n'importe quoi — pour soulager leur frustration. Le résultat fut la destruction des monuments architecturaux et culturels les plus précieux d'Ypres, tels que la cathédrale et la Halle aux Draps, qui se sont effondrés sous le poids de leur rage déplacée. Les tranchées de la ville sont cependant restées intactes.

Cette destruction d'Ypres, bien qu'insensée, comporte une certaine vérité psychologique. C'était le résultat d'un immense sentiment d'impuissance, d'un besoin désespéré de détruire quelque chose alors que la victoire ne pouvait être remportée sur le champ de bataille. Cette réalité psychologique donne un aperçu de la raison pour laquelle Ypres, la ville d'histoire et de beauté, a été réduite en ruines. Cela marque la fin d'un chapitre de l'histoire de la ville et le début d'un nouvel avenir incertain.

Pour comprendre l'avenir d'Ypres, il est essentiel d'évaluer les dégâts qu'elle a subis. Même si la ville a été dévastée, elle n'est pas complètement détruite. Lors de ma visite en juillet, j'ai constaté qu'environ la moitié des bâtiments d'Ypres étaient encore debout, bien que endommagés. Même si ces structures sont entachées par les ravages de la guerre, nombre d'entre elles peuvent être rapidement réparées. Les habitants d'Ypres, dont beaucoup ont été déplacés, pourraient rentrer chez eux sans difficulté, à condition que les conditions économiques soient favorables. Il est inévitable que la situation économique s'améliore, car les travailleurs belges reconstruiront ce qui a été perdu.

Cependant, les structures les plus emblématiques de la ville, celles qui étaient au cœur de la vie civique et culturelle d'Ypres, ont disparu. Prenons par exemple la Grande Place, qui a été entièrement détruite. Si Ypres veut retrouver son ancienne gloire, les bâtiments qui bordaient autrefois la Grande Place devront être entièrement reconstruits. Cela nécessitera un effort immense, car les fondations de ces structures sont enfouies sous les décombres. J'estime qu'il y avait au moins 150 bâtiments privés sur la Grande Place, chacun avec plusieurs étages, et chacun était autrefois une source vitale de revenus et de moyens de subsistance pour ceux qui les possédaient. Ceux qui habitaient autrefois à Ypres sont désormais dispersés à travers l'Europe, appauvris et découragés. La même dévastation s'étend à d'autres rues importantes comme la rue de Lille.

Si les propriétaires des propriétés d'Ypres revenaient et tentaient de reconstruire, l'ampleur de la tâche serait écrasante. Cela exigerait une immense initiative, de la résilience et une foi en l'avenir qui pourrait intimider même les plus audacieux d'entre eux. En outre, la tâche de reconstruction sera entravée par le manque de capital financier et de main-d'œuvre, alors que l'Europe est en train de se remettre de la guerre. La pénurie de main-d'œuvre sera probablement plus grave que la pénurie financière, car chaque secteur aura besoin de main-d'œuvre. L'ampleur immense de la reconstruction, depuis le déblaiement des fondations jusqu'à la remise en état des logements et la recherche de locataires, rendra cette tâche ardue, voire impossible.

D'une certaine manière, Ypres ne s'en remettra jamais complètement. La ville, si elle est reconstruite, ne sera plus que l'ombre d'elle-même, un rappel des horreurs qui s'y sont déroulées autrefois. La nouvelle Ypres sera un camp au milieu des ruines, un établissement temporaire où les gens se rassembleront sans jamais retrouver pleinement l'ancienne vitalité de la ville. Pour les générations à venir, voire pour toujours, Ypres restera un témoignage de la violence insensée de la guerre et de la folie de ceux qui l'ont provoquée.

Au lendemain de la guerre, Ypres deviendra probablement un lieu d'importance historique. Il attirera des touristes et des touristes du monde entier. Des hôtels et des guides surgiront et les touristes visiteront les ruines en masse, impatients d'être témoins de la destruction. Certains profiteront sans doute de ce spectacle macabre, faisant de la tragédie de la ville une source de revenus. C'est un sort sombre pour les habitants d'Ypres, mais il est inévitable. Plus le nombre de personnes visitant Ypres et découvrant son histoire est grand, plus grand est l'espoir du progrès de l'humanité.

Si la façade de la Halle aux Draps peut être préservée, elle devrait porter une inscription commémorant les événements du 31 juillet 1914, lorsque l'Allemagne a assuré à la Belgique qu'elle respecterait sa neutralité, pour ensuite violer cette promesse quelques jours plus tard. L'inscription dirait :

"Le 31 juillet 1914, le ministre allemand à Bruxelles a donné une assurance positive et solennelle que l'Allemagne n'avait pas l'intention de violer la neutralité de la Belgique. Quatre jours plus tard, l'armée allemande envahissait la Belgique. Regardez autour de vous."

En parcourant les ruines d'Ypres, on ne peut s'empêcher de
ressentir un mélange de mépris et de colère face aux
tentatives éhontées du gouvernement allemand de justifier
ses actions. Les excuses avancées par l'Allemagne pour ses
actions – mesquines, malavisées et absurdes – contrastent
fortement avec la réalité de la destruction de la ville.
Pourtant, il y a une certaine satisfaction sinistre à savoir
qu'un jour l'Allemagne regrettera le crime qu'elle a commis.
Les dirigeants qui se vantaient autrefois de leurs prouesses
militaires sont désormais confrontés aux conséquences de
leurs actes et tremblent probablement dans leurs bottes
alors qu'ils se préparent à faire face aux conséquences
inévitables de leur orgueil et de leur barbarie.

LA FIN